주4일
근무시대

노동시간 단축, 더 이상 불가능한 상상이 아니다

2017
유럽 최고의
문제작!

왜 노동시간 단축이 저성장의 해법인가?

피에르 라루튀르 | 도미니크 메다 지음·이두영 옮김

율리시즈

★ 일러두기

본문에 자주 등장하는 기구 및 용어

BIS: 국제결제은행

CDD: 고정 기간 계약

CDI: 불특정 기간 계약, 상근직

CFDT: 프랑스민주노동동맹

CICE: 경쟁력과 일자리를 위한 세액공제

Dares: 노동부 통계·연구기관

Eurostat: 유럽연합통계청

ILO: 국제노동기구

INSEE: 국립통계경제연구소

Medef: 프랑스경제인연합회

RSA: 활동연대수당

Unédic: 실업수당관리국

1929년에 닥친 위기에 관해 아인슈타인은 다음과 같이 썼다.

'이번 위기는 이전의 경우들과는 매우 다르다. 이번 위기는 생산 방식의 급격한 발전에 따른 새로운 상황에서 발생했기 때문이다.*

소비재 전체를 생산하기 위해선 가용한 노동력 부분만이 필수적인 요소가 된다. 그런데 이런 자명한 이치가 자유주의 경제에서는 반드시 실업의 증가로 이어진다.

삶에 필요한 노동의 대부분을 인간에게서 면제해줄 수 있는 바로 이런 기술 발전이 현재 재앙의 책임자인 것이다.

나는 이 어려움을 극복하기 위해 다음의 항목을 지킬 것을 요구한다.

---

* 1933년 출간된 《나는 세상을 어떻게 보는가》에서 아인슈타인은 테일러Taylor식 노동 구성으로 실현된 생산성 향상을 이야기한다. 이것은 대단한 혁명으로, 찰리 채플린은 영화 〈모던 타임스〉를 통해 당시 상황을 후세에 전하기도 했다.

1. 실업률을 낮추기 위해 노동시간을 단축할 것
2. 동시에 생산품에 관한 대중의 구매력을 보장하기 위해 최저임금을 결정할 것
3. 화폐 유통량과 신용 거래량을 확실하게 규제할 것
4. 독점 혹은 기업 연합을 통해 사실상 자유경쟁 규칙을 회피하는 상품 가격을 제한할 것'

'삶에 필요한 노동의 대부분을 인간에게서 면제해줄 수 있는 바로 이런 기술 발전이 현재 재앙의 책임자다.' 제대로 활용되지 않는 기술 발전의 불합리함, 즉 기술 발전은 인간 지성의 산물이지만 인간의 행복에 반한다는 사실을 규탄하는 알베르트 아인슈타인의 이 훌륭한 생각은 1929년에 닥친 위기에서와 마찬가지로 오늘날 우리가 겪는 위기에도 똑같이 적용된다.

당시 노동시간 단축에 관해 의견을 표명한 사람은 아인슈타인뿐만이 아니었다. 미국의 기업가 헨리 포드는 이미 1926년에 생산성 증가에 최적인 방법을 제시했다. 그가 제시한 '6일치 임금을 지불하는 주 5일 근무'는 커다란 반향을 일으켰다. 하지만 그의 생각을 실천에 옮긴 기업가는 소수에 불과했다.

'나는 왜 주 5일 근무를 실행했는가?'

헨리 포드는 또 다른 혁신을 제시한다. 자사 노동자들의 임금을 두 배로 올린(그 유명한 '1일 5달러') 지 12년 후, 이 대기업가는 사회적 혁신이 경제 발전에 걸림돌이 되지 않는다는 사실뿐만 아니라, 혁신 없이는 경제 발전이 지속되지 않는다는 사실을 보여주면서 또 다른 혁신을 제시한 것이다.

포드는 '노동시간 단축이라는 인본주의적 측면의 지체를 거부하면서' 자본주의는 생산하는 기업뿐 아니라, 소득이 있는 소비자와 소비자에게 소비를 가능케 하는 생활양식도 필요하다고 설명한다. 이 자동차 회사 설립자는 인터뷰에서 왜 임금 삭감 없이 주당 근무시간을 40시간으로 줄였는지 설명한다.

"우리는 모든 공장에서 주 5일 근무를 실행했다. 따라서 토요일과 일요일은 근무하지 않는다. 이 이틀은 휴가지만 노동자들은 주 6일 근무에 해당하는 보수를 받았다. 1일 작업시간은 추가 시간 없이 종전과 같은 8시간이다. (……) 미국은 주 5일 근무를 받아들일 준비가 되어 있다. 이는 모든 산업 분야에서 일반화될 것이다. (……) 주당 근무일수 단축은 곧 일반화될 것이다. 그렇게 하지 않으면 미국은 생산품을 소비할 능력을 갖추지 못하게 되고, 그러면 발전할 수 없기 때문이다. (……) 많은 기업들이 1일 10시간 근무를 다시 채택한다면, 미국의 산업은 오래 지속되지 못할 것이다. 그렇게 되면 사람들이 생산품을 소비할 충분한 시간을 갖지 못하기 때문이다. 예를 들어 장을 보려면 아침부터 저녁까지 언제든 자동차를 이용해야 한다. 사람들은 자동차를 이용해 빠르고 쉽게 이동하면서 세상에 나온 모든 것, 즉 보다 나은 음식, 생산품, 책, 음악 등을 발견할 엄청난 기회를 제공받고, 이로 인해 삶은 보다 풍요로워질 것이다. (……) 1일 8시간 근무가 번영을 위한 서막이 됐던 것처럼, 주 5일 근무는 보다 큰 번영의 길로 접어드는 길을 열 것이다. 지금이야말로 노동자의 여가는 잃어버린 시간, 혹은 계층의 특권이라는 생각을 없애야 할 때다. (……) 어떤 프랑스인이 1일 8시간 근무로 인해 노동자들이 술 마실 시간이 많아져 술 소비량이 증가했다고 말한 것은 단지 최근의 일이다. 그와는 반대로 우리는 노동자들이 이

틀간 휴식을 취한 후 상쾌하고 활기찬 모습으로 일을 시작한다는 사실과,
그들이 정신적으로나 육체적으로니 주시 작업에 집중할 수 있다는 사실
을 확인하고 있다."

—《월드스 워크World's Work》, 1926년 10월

1926년 포드가 생산성 증가에 대해 보다 정당한 방법을 제시했을
때, 사람들은 그의 생각을 그다지 심각하게 받아들이지 않았다. 극소
수의 기업가들만이 그 방법을 따랐을 뿐이다. 그리고 3년 후 1929년,
위기가 발생했고 13년 후엔 제2차 세계대전이 발발했다. 1945년 이후
모든 서방국가는 임금 감축 없이 주 5일 근무를 채택했다. 1926년엔
허황된 생각이라 여겼던 제도가 20년이 지난 후 비로소 하나의 규범
으로 자리 잡은 것이다.

포드가 옳았고, 아인슈타인도 옳았다.

하지만 사람들이 그들의 생각에 동의한 것은 그로부터 오랜 시간
이 지난 후였다. 즉, 위기로 인해 수천만 명의 실업자가 발생하고, 전
쟁으로 수많은 사람들이 사망한 이후였던 것이다. 1926년에 주 5일
근무를 일반화했다면 1929년 위기가 발생했을까? 그렇지 않다고 생
각한다. 설사 위기가 발생했다 해도 경제적·사회적 결과는 그보다
훨씬 약하게 나타났을 것이다.

사람들은 역사는 절대 같은 식으로 반복되지 않는다고 말한다. 하
지만 프랑스를 포함한 지구상의 모든 국가는 또다시 아직 끝나지 않
은 금융위기에서 벗어나지 못했고, 실업과 불안정성은 지금도 세계
곳곳에 큰 피해를 주고 있다.

10여 년 전부터 금기시됐던 노동시간 문제는 또다시 당대의 관심

사로 떠올랐다. 이에 관한 토론은 벨기에에서 시작됐다. 2015년 말 관련 분야에서 우파 주요 인물로 분류되는 경제·고용부 장관 디디에 고수엥 Didier Gosuin 은 브뤼셀에서 "주 4일 근무제를 실험해보길 권한다"고 발표했다. 몇 주 후 프랑스 사회당 정부는 이와는 반대로 기업들로 하여금 추가 시간 비용을 삭감하면서 임금 노동자들로 하여금 일을 더 시키는 법안을 제출했다.

일을 더 하는 것? 일을 덜 하는 것? 모두가 일하기 위해선 어떻게 해야 하는가?

BSN-다논 창업자인 앙투안느 리부는 1993년 "중간 단계 없이 주 4일 32시간 근무를 채택해야 한다. 이렇게 하면 기업은 일자리를 창출할 수밖에 없을 것이다"라고 주장했다. 그는 포드나 아인슈타인이 주장했던 바를 전혀 들은 적이 없었다.

23년 후 우파가 '35시간 근무를 채택하는 데까지' 10년을 보낸 반면, 풀타임 평균 노동시간은 다시 39시간 이상이 됐다. 그리고 실업률은 매달 기록을 경신하고 있다. 600만 명 이상의 남녀가 구직센터에 등록했는데, 그중 적어도 330만 명은 1주일에 단 1시간도 일하지 않고 있으며, 190만 명은 기초적인 RSA 수급자이고, 많은 사람들이 불안정한 직업을 갖고 있다. 통계에 잡히진 않았지만 아예 직업이 없는 사람들은 계산에 넣지도 않은 상태에서 말이다. 이것이 바로 우리가 시장에 강요하는 그 어떤 '일자리 분배' 아닌가?

이런 수치의 단순한 서술로 인해 우리는 사회가 분별없는 짓을 한다고 생각한다. 근본적인 문제를 제기하는 데 가장 반대하는 것으로 보이는 사람들에게서조차, 문제 제기는 더 이상 금기 사항이 아니다. 2010년 10월 프랑스경제인연합회 Medef 고용위원회 위원장 브누아 로

제-바슬랭은, "노동시간 문제는 우리가 수년 전에 다뤘던 왜곡된 토론보다 훨씬 더 가치가 있다. 28세 혹은 30세 이전에 안정된 직업을 찾기란 매우 어렵다. 그리고 30~45세에는 열심히 일해서 개인적인 삶과 직업적인 삶 모두를 성공적으로 이룰 것이 요구된다. 55세쯤 되면 노동자들에게 분담금을 보다 오래 낼 것을 요구하면서 그들을 휴지 조각처럼 내친다. 사실상 말도 안 되는 일이 계속됐던 것이다. 평생에 걸친 노동시간 분배에 관한 또 다른 토론을 재개해야 한다"고 주장했다.

정말로 그렇다. 노동시간 문제는 조스팽 ^{Jospin} 집권 기간과 이후 수년에 걸쳐 몰두했던 왜곡된 토론보다 토론할 가치가 더 많다. 세계 모든 국가의 성장률이 계속 하락할 것으로 예상되고, 제4차 산업혁명(인공지능, 로봇, 3D 프린터)이 일자리 수요를 대폭 줄일 것이라고 주장하는 연구 논문들이 계속 출간되고 있는 만큼 이 토론은 매우 중요하다. 물론 이런 논문들을 글자 그대로 해석한다거나 그것이 제시하는 완벽한 기술적 결정론에 속박되어서는 안 되겠지만, (증가든 감소든) 가용할 일의 양은 지금처럼 무질서하게가 아니라 세련된 분포를 이루어야 한다고 생각할 여러 가지 이유가 있다. 우리는 앞으로 이를 확인할 것이다.

실업과 불안정성으로 쇠약해진 사회에서 사람들은 언젠가 고난에서 빠져나올 수 있다는 희망을 포기하고 희생양을 찾기 위한 이기주의적 유혹에 빠진다. 오늘날 노동시간 문제를 둘러싼 금기를 깨뜨리고 이런 근본적인 문제에 관한 토론을 재개하는 것이 시급하다.

이 책의 목적은 간단하다.
· 실망감에 대항해 싸울 것. 모든 국민에게 실업과 불안정성에는 그 어떤 필연도 존재하지 않는다는 사실을 이해시킬 것

· 몇 년 안에 대량 실업에서 빠져나오는 것은 분명 가능하지만, 기적적인 성장을 기대하고 확실한 노동시간 단축을 협상할 능력을 갖추지 못하면 위기 탈출은 불가능하다는 사실을 증명할 것
· 체념 혹은 규제 완화를 조장하는 모든 연설에 대항해 싸우도록 국민을 설득할 것

1부

저성장 상태에서

전통적인 정책은

모두를 곤경에

처하게 한다

1장

실업,
가장 심각한 국가 문제

　우리의 모든 지도자들은 사회를 좀먹고 국가를 망치는 이러한 위기의 심각성을 인지했을까? 실업과 불안정성이 가져올 모든 결과를 판단하고 있었을까?

　매달 말 실업자 수가 발표될 때마다 노동부 장관의 공식 성명은 문제의 심각성을 최소화하려는 듯 보인다. '28개월 전부터 지난달까지 실업자 수는 증가했다. 하지만 그 증가율은 0.3퍼센트에 불과하다.' 결국 실업 증가율이 '영점 몇 퍼센트'에 불과했고, 실업자 수가 증가한 것이 28개월 전부터였다면 (그리고 실업자들이 실업으로 인해 사망하지 않는다면), 왜 이를 걱정한단 말인가?

　이렇게 사태를 무마하는 것이 과연 능사인가? 우리가 노력을 경주하길 원한다면, 국가가 다시 평정을 유지하고 실업과 맞서 싸울 방책을 갖추길 원한다면, 금기시된 자료를 다시 공개할 용기를 갖길 원한다면, 현실을 최소화하고 하찮게 만들어야 하는가, 아니면 반대로 잘못된 것의 정도를 분명히 하고 이에 대한 경종을 울려야 하는가?

2016년 3월 말 주요 도시 구직센터에 등록된 총인원은 615만 1,000명에 이른다. 해외의 프랑스 영토까지 포함하면 그 수는 약 650만 명에 달한다. 노동부가 발표한 도표에 따르면 4년간 실업자는 140만 명이 증가했는데, 올랑드와 사르코지의 집권 기간 중 실업자 수는 거의 비슷하게 나타난다. 물론 3월에는 정부가 서둘러 평가한 일시적 호전 상태가 존재하긴 했지만, 한편으로는 A 등급(아무 직업도 없는 구직자들)에 등록된 약 6만 명의 구직자들의 감소가 등급 B와 C에 등록된(각각 매월 78시간 혹은 78시간 내외의 근무 조건을 원하는 사람들) 구직자들의 증가(약 5만 명 이상)와 동시에 발생했다는 점과, 다른 한편으로는 최근에 발표되고 시행된 수많은 정책, 특히 '50만 실업자' 정책으로 구직자 수가 줄고 있다는 점을 주목해야 한다(이런 정책들로 인해 구직자 수가 감소한다는 것은 일반적이고도 다행스런 일이다).

하지만 이미 '형편없다'고 평가되는 이런 수치는 현실을 너무 긍정적으로 판단한다는 인상을 준다. 다시 말해 매달 50만 명 이상의 남녀가 구직센터에 등록한다는 이야기다. 예를 들면 2015년 11월부터 2016년 1월까지 매달 평균 53만 2,000명이 등록했다(20쪽 도표 참조).

이 모든 것은 직업을 잃은 수많은 사람들의 수효를 제대로 파악하지 못하게 하기 위함이다. 이 모든 것은 사람들이 각자의 집에만 머물러 서로 만나지 못하게 하기 위함이다. 하지만 이들이 심각한 결함이 있는 경제 시스템을 변화시킬 가장 좋은 방법을 함께 생각해보고 있다고 생각할 수도 있다. 이들은 각자 집에서 인터넷을 통해 빠른 속도로 이력서를 보내곤 한다. 이처럼 우리는 크게 움직이지 않고 각자의 집에서 모든 일을 곧바로 처리할 수 있는 좋은 기회를 제공받고 있다.

매달 53만 2,000명의 새로운 구직자들이 센터에 등록한다. 모든

구직센터에 등록한 총 인원수

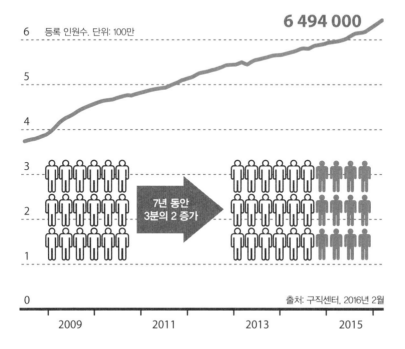

6 494 000

6   등록 인원수. 단위: 100만

5

4

3

7년 동안
3분의 2 증가

2

1

0   출처: 구직센터, 2016년 2월

2009   2011   2013   2015

관련 조사에서 프랑스의 가장 심각한 문제가 실업임을 지적하고 있는 것은 놀랍지도 않다. 그런데 이 기간 동안 50만 명 이상이 새로 구직 신청을 했는데, 왜 평균 실업자 수는 '단지' 2만 2,000명만이 증가했을 까? (이 수치는 0.3퍼센트의 실업 증가율에 해당한다) 그 이유는 그 기간 동안 실 직 상태의 임금 노동자 51만 명이 구직센터를 떠났기 때문이다.

매체에서 매달 말 언급하는 수치들은 단지 구직센터에 기록된 등 록과 이탈 사이의 차이에 불과하다. 노동부 연구에 따르면, 구직센터 등록을 취소한 사람들 중 안타깝게도 평균 47퍼센트만이 1년 내에 취

구직센터 등록과 등록 취소

2015년 11월부터 2016년 1월까지의 평균

구직센터 등록	평균 53만 2,000명 등록
구직센터 등록 취소	평균 51만 명 이탈
차이	2만 2,000명의 '새로운 실업자' 발생

출처: 2016년 2월 24일 노동부 통계 · 연구기관 다레스^{Dares}

업하는 것으로 나타난다.

이는 매달 구직센터에 등록된 20만 명 이상의 남녀가 직업을 구하지 못한다는 사실을 의미한다. 그중 몇몇은 행정적 문제가 있었다. 몇 주 동안 그들의 서류는 전혀 고려대상이 아닌 상태로 남아 있었는데, 이는 곧 그들에게 주어지는 수당이 중지된다는 의미여서 일상의 삶을 매우 힘들게 만들어버렸다. 일부 사람들은 교육을 받았지만 몇몇은 실업수당을 받을 수 없는 실업자로 전락해 보상을 받지 못했으며, 또 다른 몇몇은 구직활동을 포기했다는 이유로 더 이상 실업자로 분류되지 않았다. 다시 말해 그들 모두가 더 어려운 처지에 놓이게 되었다. 직업과 그에 따른 수입을 얻을 수 있는 기회가 더 줄어든 것이다.

만약 적당한 소득을 얻을 만한 수단이 있다면, 제대로 된 삶을 이어갈 수 있을 것이다. 그런 '특권'마저 갖고 있지 않다면, 실업수당을 받을 권리를 잃게 돼 사회적 퇴보라는 또 다른 단계에 접어들 것이고, 이는 그들을 더 극심한 빈곤으로 이끌 수도 있다.

이런 동향에 관해서는 그 어떤 정확한 수치도 제시할 수 없는 상황이다. 2010년 《르 몽드 Le Monde》는 1년 안에 무려 100만 명이 '실업수당을 받을 수 없는 실업자'가 되고, 그중 60만 명은 주위의 연대감에 의지해야만 생활을 유지할 수 있을 거라고 주장했다.[1]

실업수당을 받을 수 없는 실업자, 100만 명

등급이 추락했다는 이유로 8~9만 명의 남녀가 매달 실업자 자격을 잃게 되면 큰 문제가 아닐 수 없다. 게다가 지난 6년간 장기 실업자 수가 급격히 증가한 것을 보면, 오늘날 최악의 상황에 직면한 것은 거의 확실하다.

노동부 장관이 '한 달 동안 실업자가 2만 명 증가했다'고 발표한다면, 통계에서 빠진 실업수당을 받을 수 없는 수만 명의 실업자를 무시하고 있는 것이다. 공식적인 실업자 수가 매달 3~4만 명씩 줄어들면, 실제로는 위기로 고통받는 사람들이 계속 증가하고 있음에도 정부는 기뻐 어쩔 줄 모를 것이다. 그러므로 그래프 곡선의 실제 변화를 논하기 위해서는 공식적으로 실업자 수가 최소 8만 명은 줄어야 한다.

매년 1~2만 명 사망

프랑스국립보건의학연구소 Inserm 의 한 연구팀은 12년간 프랑스 인구를 연구한 끝에 매년 1~2만 명의 실업자가 사망한다는 결론을 얻었다.[2] 피에르 므느통과 동료들은 실업 상태가 사람의 심장혈관 건강과 도덕성에 어떤 영향을 미치는지를 관찰하기 위해 1995~2007년에 걸쳐 35~64세의 구직자들을 대상으로 조사했다. 그 결과, 실업자는 직업을 가진 사람보다 평균 3배나 높은 사망률을 나타낸다는 확실한 증거를 얻었다. 또한 이 결과에 따르면 일반 실업자는 자발적 실업자(집에 머무르고 있는 남녀) 혹은 퇴직자와는 매우 다르다는 사실을 알 수 있는데, 이로 인해 연구자들은 높은 사망률이 실업자들이 처한 상황과 분명 연관이 있다는 결론에 이르렀다.

피에르 므느통은 '사람들은 매년 400~500명에 이르는 실업자들의 자살이 빙산의 일각에 불과하다고 이야기한다. 하지만 실업이라는 직접적인 원인으로 매년 사망하는 사람들은 최소 1만 명에 이른다. 아니, 실제로는 1만 4,000명이라는 수치가 더 정확하다고 생각한다. 이 1만 4,000명 중 얼마나 많은 사람들이 심각한 질병에 노출돼 있었겠는가?'라고 분석한다.

그는 재난 상태와 마찬가지인 이런 결과가 두 가지 이유로 과소평가되고 있다고 설명한다. 즉, 평균보다 더 혜택받은 사람들을 조사 표본으로 선택했다는 사실과, 다른 한편으로는 2007년에 끝난 이 연구에는 3분의 1이나 증가한 실업자 수와 불안을 야기한 위기의 영향을 반영하지 않았다는 사실을 주시했다.

이 연구자의 말은 등골을 오싹하게 한다. 모든 매체들은 이 연구가 독일과 미국에서 이루어진 것과 비견될 만한 성과라고 보도했지만 그 어떤 정치인도 이에 반응을 보이지 않았다.

2014년 6월 사회당 총재 장크리스토프 캉바델리는 "실업은 극복해야 할 여러 난관 중 하나에 불과하다"고 말했다. 하루라도 빨리 피에르 므느통의 연구를 읽어야 할 사람이다.

위기 발생 이후 나타난 슬픈 결과는 이러하다. 2008년 7월부터 2016년 1월까지 구직센터에 등록된 총 인원은 350만 명에서 653만

500명으로 늘었는데, 이는 실업자가 300만 명 더 증가했음을 의미한다. 최소 200만 명에 이르는(아마도 그 이상일 것이다) '실업수당을 받을 수 없는 실업자들'은 차치하고라도 말이다.[*]

따라서 앞에서 말한 시기에 결국 500만 명이 넘는 실업자의 삶이 흔들렸던 것이다. 500만 가정의 일상적인 삶은 직접적인 영향을 받았을 터인데, 실업수당 혹은 524유로라는 활동연대수당[RSA] 이외에 다른 수입이 전무한 가정은 어떻게 장을 보고 집세를 내고 아이들에게 새 운동화를 사줄 수 있단 말인가?

비극적인 일이다. 대학살이나 마찬가지다. 장관이 뭐라고 하든 '영점 몇 퍼센트'의 실업률 상승은 사실이 아니다. 말도 안 되는 소리다. 이런 암세포가 사회 전체를 조금씩 갉아먹고 있다.

이런 수치들을 보면 정치인이 '곡선의 기울기' 혹은 '경기 회복'을 떠벌일 때마다 왜 의구심과 분노가 치미는지 수긍이 간다. 이는 더 이상 쿠에[Coué]의 방법(프랑스의 약사이자 심리학자였던 에밀 쿠에Emile Coué가 사용한 방법으로, 무의식의 힘을 활용하여 의식을 변화시키고 병을 치료하는 방법—옮긴이)이 아니다. 이는 일상의 삶이 위기로 인해 산산조각 난 수많은 사람들에게는 완전한 현실 거부다.

---

[*] 이런 사람들과 '노동 시장'에서 제외된 사람들의 수를 산정하기란 사실 매우 어렵다. 《르몽드》가 '실업수당을 받을 수 없는 실업자'가 1년간 100만 명이 더 생겼다는 사실을 지적했다는 것이 (그리고 이 수치는 정확하지만) '실업수당을 받을 수 없는 실업자'가 4년간 400만 명 증가할 것이란 사실을 의미하지는 않는다. 어찌 됐든 그중 몇몇은 다시 직업을 구해 '활기찬 생활'을 해나갈 것이기 때문이다.

훨씬 과소평가된 비용

실업에 드는 비용은 얼마나 될까? 실업수당관리국Unédic의 자금조달에 관한 협상이 재개되긴 했지만, 이에 관한 문제가 다시 공론화된 것은 2016년 초였다. 실업에 드는 비용에 관한 신뢰할 수 있는 연구는 매우 드물다. 순수하게 회계상으로 접근할지라도 이 문제의 인간적이고 사회적인 부분을 잠시 망각하기 때문에, 모든 사람들은 실업 비용은 한 가지 형태가 아니라 몇몇 형태로 존재한다고 생각한다.

· 수당을 지불하는 구직센터(Unédic의 전신)의 보상 분과에 드는 비용
· 실업자를 관리하는 구직센터에 드는 비용
· 사회보장비용들, 실업, 불안정성 그리고 빈곤에서 연유한 병리현상과 연관된 추가 비용과 같은 손실분
· 국가 비용과 160억 유로의 주택수당(이 예산은 수령자가 직업을 구하고 정당한 소득을 올리면 확실히 줄어든다)의 일부를 통한 사회보장 손실분 보상에서 실업자 교육 예산에 이르기까지 드는 비용
· 공공단체 비용, 즉 지방자치단체는 매년 최소통합수당RMI-활동연대수당으로 100억 유로 이상을 지불하고, 모든 공공단체는 사회정책을 갖고 있는데 이에 관한 예산은 실업자와 임시직의 수를 증가시킨다.

1989년 잡지《직업과 고용Travail et Emploi》에 실린 한 연구[3]는 Unédic이 실업 비용의 39퍼센트와 사회보장의 34퍼센트를 조달했고 나머지 27퍼센트를 국가가 책임졌다고 결론지었다. 2012년 12월 유엔 경제사회이사회개발위원회ISEA 연구소에서 발표한 유럽 연구는 프랑스

실업자 각 개인에게 드는 비용이 2만 8,737유로로 증가했음을 보여준다. 그리고 공적개입 비용(넓은 의미에서의 대체수당, 동반정책 비용 등)이 1만 1,327유로 증가했는데 이는 전체의 40퍼센트에 해당하며, 1만 6,411유로 증가한 손실 비용(사회보장비용, 세금, 공공요금)은 전체의 60퍼센트에 해당한다고 설명한다.

2015년 4월 27일 경제학자 장 이브 아르셰는 《르 피가로 Le Figaro》에 토론회를 열고, 여기서 그는 발표된 수치와는 약간 다른 자신만의 계산 결과를 제시했다. '이 수치들을 구체화해 새로운 사회제도(실업 이후 활동연대수당의 효과)에 적용하면 연간 760억 유로의 실업 비용이 나타나는데, 이 가운데 42퍼센트(316억 유로)는 실업수당관리국에, 31퍼센트(233억 유로)는 사회보장에 그리고 27퍼센트(201억 유로[4])는 국가와 지방자치단체에 분배됐다.'

2016년 실업 비용은 얼마나 될까? 얼마 전 유럽의 실업에 대한 재정 지원 보고서를 제출했던 사회당 의원 파트릭 질은 '경쟁력과 직업을 위한 세금 환급을 합하느냐, 그렇지 않느냐에 따라 800억~1,000억 유로로 나타난다'고 주장한다.[5] 올해 우리가 실업에 들이는 비용은 800~1,000억 유로가 될 것이다. 이는 우리 공공재정 총 적자보다 많은 액수다. 따라서 30~40억 유로에 이르는 Unédic의 적자는 우리가 실업에 재정적으로 조달하는 비용의 일부에 지나지 않는다.[6]

실업과 불안정: 거대한 다모클레스의 칼

요즘과 같은 실업 사태는 지금껏 한 번도 존재하지 않았다. 불안정성 문제 또한 지금처럼 심각하지 않았다. 2015년 프랑스의 피고용인 중 85퍼센트 이상이 고정 기간 계약CDD으로 이루어졌다. 따라서 일반적인 고용CDI(즉 상근직 고용)은 13퍼센트 이하로 나타난다. 비록 '보유한' 자료에 따르면 20년 전부터 전체 고용 부문에서 고정 기간 계약 비율이 9퍼센트를 넘지 않기 때문에 상근직 계약이 거의 대부분을 차지하고 있다는 결과를 제시한다 할지라도 그러하다. 그럼에도 불구하고 고용은 여전히 형편없는 수준에 머물고, 앞으로 어떤 일이 벌어질지 그 누구도 모르며, 국가 지도자들이 임시변통책만 취하는 시늉만 한다면, 어떤 중소기업 사장이 신규 노동자를 몇 년간 확실히 고용할 수 있단 말인가?

누가 얼마나 지불하는가?

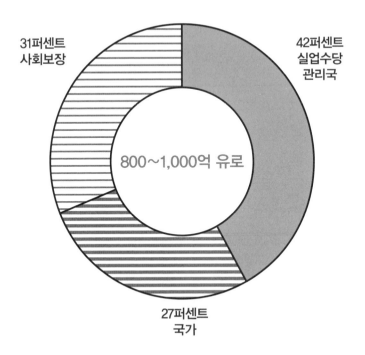

31퍼센트
사회보장

42퍼센트
실업수당
관리국

800~1,000억 유로

27퍼센트
국가

이런 단계에선 실업과 불안정성에 따른 문제가 실업자와 임시직 노동자, 그들의 가족(이들은 이미 상당수에 이른다)에게만 국한되지 않는다. 많은 임금 노동자들은 다모클레스의 칼이 자신의 머리를 노리는 듯한 압박을 느끼게 될 것이다. 이런 지속적인 압박은 그들로 하여금 예전 같았으면 당연히 거절했을 상황을 받아들일 수밖에 없게 만든다.

국립통계경제연구소INSEE에 따르면, 임금 노동자의 50퍼센트가 직업을 바꾸길 원하면서도 선뜻 그러지 못하고 있다. 그들은 지금 하는 일에 만족하지 못하는 데다가, 입지 또한 매우 좁은 상태에 놓여 있다. 저임금에 육체적으로 고통을 당하며 제대로 대접받지 못함에도 여전히 회사에 남아 있다. 왜일까? 막상 회사를 그만두고 나간다 하더라도 그보다 더 나은 직장을 구할 수 없기 때문이다. 현재 위치에 싫증을 느끼고 지나치게 힘든 업무를 수행하면서 업무량에 비해 적은 임금을 받는 완전고용 상태의 노동자라면, 비교적 쉽게 사표를 내고 비교적 빠른 시간 내에 다른 직업을 찾을 수 있다.

하지만 600만 명이 구직센터에 등록되어 있는 상태라면, 대다수가 사표를 망설일 것이다. 이들은 감히 사표를 던지지도, 반발도 못하지만 회사 생활에 더 이상 충실하지 못하고(말하자면 그 유명한 앨버트 허쉬만Albert Hirschman의 3요소인 떠나기, 목소리 내기, 충성하기[7]), 일종의 포기 혹은 체념으로 도피해버리는데, 이는 몇몇 임금 노동자들을 대상으로 진행한 직업 인식에 관한 조사에서 나타나듯, 업무에 대한 무관심에서부터 약물 복용, 일에 대한 관심 저하, 더 나아가 무감각 상태를 불러일으킬 수 있다.[8] 28년간 거대 은행-보험 회사에서 근무하다 구조개편으로 이리저리 자리를 옮겨 다니면서 하루 6시간씩 컴퓨터 앞에 앉아 사회보장 계좌번호의 문제점들을 수정하던 카트린느는 이렇게 말한다. "나는 완전히 사기가 저하돼 있다. 내가 하는 일은 더 이상 중요하지 않다. 하지만 나 스스로 사기를 저하시킨 것은 오히려 심리적으로 다행이었던 것 같다. 나라는 사람은 사소한 지적에도 눈물이 나는 매우 민감한 사람이었기 때문이다. 이처럼 마음먹게 된 큰 계기는 손자의 출생 덕분이다. 내게 무엇보다도 중요한 것은 가족이었다. 따라서 여기서 하는 일은 더 이상 내 관심거리가 못 된다."

우리는 더 가치 있는 존재다

엘 콤리^{El Khomri} 법(전 프랑스 노동 장관 미리암 엘 콤리Myriam El Khomri가 제안한 법으로, 해고기준 완화, 특별수당 감축, 회사가 경제적으로 어려울 경우 노동시간을 늘릴 수 있게끔 하는 등 노동자들을 상당히 압박할 수 있는 법-옮긴이)이 발표된 이후, 수많은 임금 노동자들이 사회연결망을 통해 직업에 관한 고통을 증언하는 글을 올렸다. 그들을 결집시킨 말은 바로 '우리는 이보다 더 가치 있는 존재다!'인데, 이는 지극히 정당하다. 그들은 일에서 더 이상 인정받지 못하는 존재가 아닐 수 있게 되었다. 또 더 이상 지적 능력을 펼치지 못하는 존재가 아닐 수 있게 됐다. 앞서 인용한 조사 과정에서 인터뷰에 응한 임금 노동자들의 놀라운 이야기들을 되짚어보면, 그들은 창의력을 제대로 표현하지 못한 채 그날그날 일하는 존재가 더 이상 아닐 수 있게 되었다. 카트린느는 자신의 업무에 관해 이렇게 말한다. "내 일에는 생각해야 할 부분이 없다. 나는 숫자를 뽑아 회색으로 칠하고 이를 복사한 뒤 붙여 넣는다. 이것은 일이 아니다. 나에게 일이란 생각을 해야 하는 것인데, 지금 업무에서는 그것이 불필요하다. 여기선 모두가 하찮은 일에 분주하게 움직인다. 이건 일이라 할 수 없다." 가끔 노동자들은 재정적 · 인간적 보상 없이 지나치게 많은 일을 한다. 사람이라면 누구나 기본적으로 삶에서 대체 불가능한 존재로 인정받아야 하는데, 임금 노동자들은 가끔 자신들이 갑작스레 대체나 호환이 가능한 존재로 인식되는 것 같아 점점 더 '생기를 잃어간다'고 고통을 호소한다.[9]

'행복한 임금 노동자들은 분명 많이 존재한다'는 졸라[Zola]의 말을 인용하는 것은 여기서 중요하지 않다. 임금 노동자들의 창의력에 기반을 두고 그들의 지성을 통해 만사가 제대로 돌아가는 기업도 분명 많다. 하지만 30~40년 전에는 중요하지 않은 문제였던, 일로 인한 고통은 오늘날 점점 더 확산되는 병리현상이 됐다는 사실에 이의를 제기할 사람은 아무도 없다. 이런 고통은 육체적일 수도 있고(지나치게 빠른 작업 혹은 오랜 시간 한자리에서 하는 작업으로 인한 근골격계 질병), 극도의 정신적 피로, 의욕 상실 등의 정신적인 것일 수도 있다.

2005년에서 2013년까지 이루어진 프랑스 '작업 환경'에 관한 조사에 의하면, 임금 노동자들의 작업 속도에 관한 압박은 증가했다. '이런 압박의 증가는 조직 변화의 속도와 임금 노동자들이 느끼는 엄청난 고용 불안과 연관이 있는 듯하다.'[10] 작업 환경에 관한 유럽의 조사는 보다 폭넓은 관점을 적용하게 했고, 프랑스의 상황이 매우 열악하다는 사실 또한 확인시켜주었다. 업무 때문에 스트레스를 받는다고 답한 노동자들이 네덜란드는 10퍼센트, 덴마크는 12퍼센트, 핀란드는 15퍼센트인 반면, 프랑스의 경우는 27퍼센트였다. 전신 피로로 고통받는다는 이들은 유럽 평균이 35퍼센트인데 반해, 프랑스는 54퍼센트에 달했다. 그 외에도 59퍼센트는 작업 속도가 너무 빠르다고, 그리고 62퍼센트는 작업 기간 중 적어도 4분의 1은 빡빡한 마감기한 때문에

스트레스를 받는다고 주장한다. 결국 프랑스 임금 노동자들의 21퍼센트만이 작업환경에 매우 만족한다는 말인데, 이는 유럽 27개국 평균 25퍼센트, 독일 29퍼센트, 영국 39퍼센트, 스페인 23퍼센트에 미치지 못하는 수치다.[11]

지난 대통령 선거 바로 직전에 라디오 프랑스^{Radio France}가 실시한 대규모 조사는 전형적이진 않지만 매우 의미 있는 사실을 여실히 보여주었다. 즉, 질문에 응한 사람들 중 대다수가 수익성과 생산성 증가를 위한 지속적인 명령이 작업의 질뿐만 아니라 의미까지도 손상시키는 결과를 낳았다고 답했던 것이다.[12]

일이란 노동자의 창의력과 능력 발현의 장소가 되어야 하고, 또 그렇게 될 수 있다. 어쨌든 그들은 이를 강력히 바란다. 직업에 관한 기대가 지금처럼 강력한 때는 없었다. 실제로 직업을 통해 사람들은 소득, 사회적 권리, 사회에서의 지위뿐만 아니라 꿈을 실현하고, 능력을 발현하고, 유용한 일을 하고, 사회에 기여하고, 개성을 표현하기를 기대한다.[13] 노동자가 되는 것은 하나의 작업을 성취하는 데 참여하는 것임을 각자에게 심어주어야 한다. 하지만 안타깝게도 내다수의 사람들은 이런 상황과는 멀리 떨어져 있다. 다시 말해 그들에게 직장이란, 판에 박힌 일을 하거나 스트레스를 받는 장소, 즉 무엇보다도 (그리고 가끔은) 단지 돈을 버는 장소가 되고 말았다. 일 때문에 겪는 고통과 일하지 못하는 데서 오는 고통은 대량 실업이라는 문제의 양면이다.

실업과 불안정성이 어떤 수준에 이르면, 임금 협상은 완전히 균형을 잃게 된다. 프랑스 국영은행^{Caisse des dépôts} 연구 책임자인 파트리크 아르튀는 다음과 같이 지적한다. "유로존에 있는 기업들은 거기에 포함되기 이전에 가져갔던 돈 외에 매년 GDP의 1퍼센트에 해당하는 금액을 자신들의 임금 노동자 주머니에서 가져간다. 노동자들은 협상 능력이 없으므로 기업이 가져가는 수익은 상당하다."[14]

중소기업에 대한 대기업의 압박이 그 어떤 공적 규제로도 통제되지 않는다면, 경쟁사가 임금을 인상하지 않는 상태에서 어떤 중소기업이 임금을 인상할 수 있단 말인가? 어떤 임금 노동자가 임금 인상을 주장할 수 있단 말인가? 많은 기업은 항상 실업에 대한 두려움을 염두에 두어야 하지만, 그들이 제시하는 임금 협상은 "여기가 싫으면 다른 데서 일자리를 찾아봐라!"라는 말로 끝을 맺는다.

2014년 프랑스의 전체적인 부의 수준은 거의 증가하지 않은 반면(GDP +0.2퍼센트), 주주에게 돌아간 배당금은 30퍼센트나 증가했다.[15]

그러나 통계는 가끔 이런 사실을 숨긴다. 사람들은 흔히 "프랑스는 세계에서 가장 높은 저축률(17퍼센트)을 보이는 국가 중 하나다"라고 말한다. 대체적으로 맞는 말이나 여기서 말하는 저축은 분류 자체가 잘못됐다. INSEE는 프랑스 국민의 40퍼센트는 전혀 저축하지 않고 월말 정산에 어려움을 겪는 반면, 최상위 1퍼센트에 속하는 부유층은 70퍼센트가 넘는 저축률을 기록하고 있으며 자기 재산으로 무엇을 해야 할지 모른다는 사실을 보여준다.

토마 피케티Thomas Piketty는 초기 저서 중 하나에서[16], 임금의 감소를 좌파가 의결한 최근의 '대대적 세제개혁'과 비교했다. 이 개혁은 1982년에 이루어졌는데, 피에르 모루아Pierre Mauroy가 제안한 개혁을 국회가 의결하는 데는 몇 주간의 격렬한 토론이 필요했다. 이 개혁은 국민소득 평균 0.3퍼센트 증가를 목표로 했다. 2009년 사르코지의 요구로 작성된 코티Cotis 보고서에서 실현된 부가가치의 몫에 관한 연구[17]를 보면, 이때부터 아무 말 없이 그리고 그 어떤 국회 토론 없이 임금 부분은 GDP의 10퍼센트(이는 예상치의 30배가 넘는 수치다)로 감소했다.

한마디도 없이, 어떤 소란도 없이 임금 노동자의 협상을 망가뜨리는 실업과 불안정의 공포는 유례없는 최대 규모의 반 세제개혁을 이끌어냈다.

공공부문과 민간부문: 모든 관련자

고용보험의 혜택을 본다 할지라도 공공부문의 임금 노동자들은 대량 실업 사태에 영향을 받는다. 민간부문의 임금 노동자, 직공, 중소기업 사장들과 마찬가지로 공공부문의 임금 노동자는 자녀들 역시 성인이 되어가는 과정에서 실업과 불안정에 연루된다는 사실을 알게 된다. 하지만 그들 자신도 작업환경의 점진적인 악화, 작업량 증가, 보상 결여 그리고 수준 높은 작업을 할 수 없다는 생각에 영향을 받는다. '작업환경' 조사는 국가 공무원의 3분의 1 그리고 의료 공무원의 3분의 1 이상이 보상이 결여돼 있는 상황을 보여준다.[18]

하지만 작업환경만이 문제는 아니다. 공공부문의 임금 노동자들은 임금 상승에 대한 기대를 포기해야 하는데, 예전에는 이에 대해 문제 제기를 할 수 있었다. 민간부문에서 임금이 동결되면, 공공부문의 장관은 공무원의 임금을 동결하거나 이와 유사한 수준에서, 다시 말해 인플레이션 이하 수준에서의 임금 상승을 당연하고 정상적으로 여긴다. 공무원 임금을 1.2퍼센트 인상한다는 2016년 초 발표는 지난 6년간의 임금 동결 이후에 나온 것이다. 《르 피가로》는 2015년 8월 27일 '2013년 국가 공무원의 평균 임금이 줄었다. 이를 유로 화폐로 따져보면 2012~2013년에 평균 0.7퍼센트가 줄었다'고 발표했다. 며칠

임금 노동자들이 부가가치에서 차지하는 몫

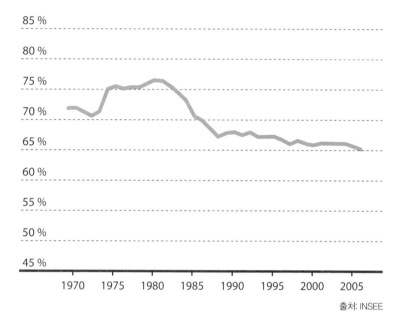

출처: INSEE

후 《라 트리뷴La Tribune》은 '임금 하락 현상이 지속적으로 나타나고 있다. 즉, 공무원의 평균 임금은 2011~2012년 사이 이미 0.8퍼센트 하락했다'고 덧붙였다. 이처럼 공공부문의 임금은 생각만큼 안정적이지 못하다.

손실분, GDP의 150퍼센트

결국 30년간 OECD 국가 모두에서 임금 노동자들과 사회보장

기업 부가가치에 있어서 임금 노동자들의 몫

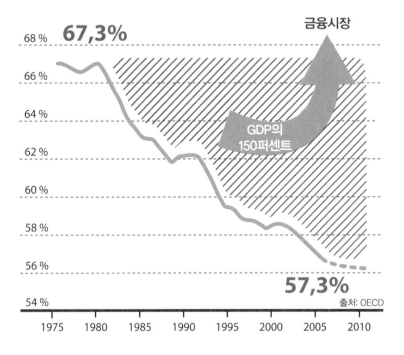

출처: OECD

기금, 그리고 국가(기본적으로 국가 재원은 임금 노동자들의 세금으로 충족되므로)에 돌아가야 했지만 그러지 못한 총액은 상당량에 이른다. 그 액수는 GDP의 약 150퍼센트에 해당한다.

　뉴욕과 마드리드의 분노한 시민들은 "이는 위기가 아니라 강도 행위다"라고 주장했다. 그들이 옳다. 실업에 대한 두려움에 내색도 못하고 아무 주장도 못함으로써 협상을 제대로 하지 못했고, 이로 인해 유례없는 강도 행위가 나타났던 것이다.

임금 노동자들의 협상력 상실

부유층에 불평등한 몫이 더 많이 귀속되게끔 만드는 이 '임금 노동자들의 협상력 상실'[19]을 실업 외의 어떤 다른 말로 설명할 수 있단 말인가?

주주들이 매우 탐욕스럽다는 말은 사실이지만, 그런 주주들은 언제나 있어왔다. 탐욕스럽다는 것, 즉 최고의 수익을 원한다는 것은 수세기 전부터 주주를 규정하는 언어로 자리매김 되었다. 주주는 창업하는 순간 자본출자의 위험을 무릅쓴다(어쨌든 이는 배당금을 정당화하는 것이다. 설사 몇몇 사람들이 진실로 위험을 무릅쓰지 않고 이미 견실한 기업에 투자하는 것에 만족한다 할지라도). 만약 3퍼센트, 6퍼센트, 9퍼센트 혹은 15퍼센트의 수익 중에 어떤 것을 선택하겠느냐고 물으면, 주주는 당연히 15퍼센트의 수익성을 택할 것이다. 반면 예전의 주주들은 이보다 훨씬 낮은 수익률에 만족해야 했다.

지난 30년 사이 알게 된 새로운 사실은 주주들이 탐욕스럽다는 점이 아니다(그들은 항상 그랬다). 그보다는 실업에 대한 두려움 때문에 균형을 상실한 협상에서 주주들은 원하는 것을 얻는다는 사실이다.

물론 실업이 모든 것을 설명하지는 않는다. 주주는 보다 강력해지기 위해 결성된 집단이다. 그들은 자금을 관리하기 위해 유능한 사람들을 고용했다. 그리고 기업의 장기 이익과 임금 노동자와 간부 간의 연대감이 점점 무너져가고 있다는 사실을 감안하지 않은 채, 기업 간부들을 주식 흐름에 민감해지도록 몰아붙이는 스톡옵션 같은 새로운 경영 수단을 만들어냈다. 이 모든 것은 사실이며 또한 중요하지만, 단지 실업률이 증가했다는 사실을 설명하는 것은 아니다.

실업에 대한 두려움은 30년보다 더 이전부터 임금 노동자의 지위를 약화시키는 중요한 요소였다.

수공업자, 상인, 요식업자 혹은 퇴직자 등 모든 관련자

600만 명의 실업자. 이는 곧 600만 가정이 허리띠를 졸라매야 함을 의미한다. 상업, 요식업, 수공업 분야에서 적어도 600만 명의 '좋은 고객들'이 사라지기 때문이다.

600만의 실업자와 850만의 빈곤층(가난에 허덕이는 임금 노동자와 퇴직자들이 존재하므로), 이들 또한 퇴직 기금에 상당한 손실로 작용한다. 7년간 구직센터에 등록한 사람들은 70퍼센트 이상 증가했다. 50세 이상의 실업자는 120퍼센트가 넘는 놀라운 증가세를 보였다. 7년 전에 비해 2배가 넘는 수치다.

56세의 능력 있고 열정적인 한 남성은 "보통 완벽한 퇴직생활을 위해선 보다 오래 일해야 한다고 말하지만, 우리는 55세부터 퇴물로 취급돼 일자리에서 쫓겨난다. 그러면 사람들은 또 우리더러 일하기엔 너무 늙었다고 말한다. 이처럼 사람들은 터무니없는 말을 해댄다"고 증언한다.

프랑스의 평균 퇴직 연령은 62세다. 62세 이상 노동자의 경우 고용률은 30퍼센트 이하다. 역대 정부가 임금 노동자들에게 더 많은 시간을 일하라고 요구할 때, 만약 노동자들이 이미 실업 상태에 있거나 활동연대수당을 받는 상태라면 어떤 일이 벌어질까? 이렇게 되면 이들에게 1년 중 3개월 치의 분담금이 부족하게 되는데, 이는 그들이 사는 동안 매년 연금을 삭감하는 결과를 초래할 것이다.

"은퇴 연령을 낮추는 것은 실업 문제를 해소하는 데 별 도움이 되지 않는다. 오히려 노동자에게 이미 실직한 상태에서 더 오래 일하라고 요구하는 결과를 낳는다"고 당시 프랑스경제전망연구소^{OFCE} 소장인 장-폴 피투시는 주장했다.[20]

하지만 20년 전부터 정부는 실업을 감소시킬 방법은 모색하지 않은 채 분담금 기간만 점점 더 연장하도록 강요하면서 퇴직연금을 '개혁'하고 있는데, 이는 수많은 퇴직자 중 다수의 삶의 수준을 하락시키는 결과를 초래했다. 게다가 50세 이상의 실업률이 폭발적으로 증가했다. 그들은 구직센터의 A, B, C 등급에 등록한 총 500만 명(적극적으로 구직활동을 하는 사람들) 가운데 100만 명 이상을 차지한다. 그리고 그 수는 2008년 초에 비해 2.4배나 증가했다. 특히 문제가 되는 것은 거의 모든 노동시장에서의 때 이른 퇴장(조기 퇴직과 직업을 구하지 못하는 상태)과 퇴직연령 연장에 대한 대책이 사라진다는 것이다. 50세 이상은 다른 실업자들보다 더 오랫동안 직업을 구하지 못한다. 2014년 2사분기에 50세 이상은 평균 713일간(약 2년에 해당하는 기간) 실직 상태였던 반면, 25~49세는 442일, 25세 이하는 235일을 실업 상태에 있었다. 50세 이하에게는 2년간 보조금이 지급되는 반면 50세 이상에게는 최대 3년간 지급되기 때문에 오늘날 실업은 고용과 퇴직 사이에 있는 '통문通門'이라고 자주 일컬어지곤 한다. 2008~2011년, 50세 이상층의 45퍼센트는 마지막 직장과 퇴직 사이에서 실업을 경험한다고 OECD는 지적한다.

게다가 작업환경이 점점 더 열악해지는 기업들의 50세 이상 고용률을 어떻게 높일 것인가? '작업환경'[21]에 관한 조사에 의하면, 임금노동자의 52퍼센트가 지금 하는 일을 60세까지 할 수 없을 것이라고 답했다.

실업은 사회 전체를 부패시킨다. 아이들의 학업 실패의 첫 번째 원인은 무엇인가? 바로 부모의 실업과 불안정이다.[22]

'이민자에게서 태어난' 젊은이들이 사회에 제대로 통합되지 못하는 첫 번째 원인 또한 실업과 불안정이다. 실업과 불안정! 한 경찰은 "50유로로 벌기 위해 6층에 사는 왜소한 할머니의 텔레비전을 훔칠 생각을 하는 자는 3층의 실업자다. 이런 이야기를 하는 것은 실업과 불안정을 정당화하기 위해서가 아니다. 이는 범죄 행위이며 할머니에게 자칫 심각한 외상을 유발할 수도 있다. 하지만 직장이 있고 정당한 임금을 받는 젊은이가 이런 범죄 행위를 심심찮게 저지를 가능성은 희박하다. 범죄와 사회 불안을 줄이기 위해선 법을 준수하고 올바르게 행동할 방법을 제시하는 것뿐만 아니라, 실업과 아르바이트를 대폭 줄여야 한다"고 설명한다.

마뉘엘 발스(프랑스의 전 총리로, 스페인 이민자 출신이다 - 편집자)는 왜 프랑스는 시리아나 다른 전쟁 지역에서 오는 이민자들을 더 이상 받아들일 수 없다고 말했는가? 이 모든 이민자를 수용할 일자리가 없어서일까? 1978~1979년 프랑스는 15만 명의 보트피플을 아무 문제없이 받아들였다. 전쟁을 피해 들어온 이들은 남녀노소 가릴 것 없이 프랑스 전역에서 뜨거운 환영을 받았다. 하지만 오늘날 프랑스는 당시보다 2배 이상의 부를 누리고 있음에도 2~3만 명조차 받아들일 능력이 못 된다고 한다. 이 말을 믿으란 말인가? 실업 때문에?

몇몇 정치지도자들이 우리를 분열시키는 데 시간을 보냈다고 할지라도(임금 노동자들은 '보조를 받는' 실업자들보다, 중소기업 사장들은 공공부문의 임금 노동자들보다, 퇴직자들은 활기찬 젊은이들보다 일찍 일어난다), 우리는 모두 한 배에 탔으며 대량 실업은 우리 모두를 파멸로 이끌고 있다는 사실을 이해하는 것이 중요하다.

    지배를 수월하게 하려고 분열을 조장하는 것은 낡은 생각이다. 우리는 이런 분열의 논리를 거부해야 한다. 실업을 줄이고 완전고용의 길로 접어들기 위한 근본적인 변화를 모색해야 한다.

성장에 대한 집중,
심각한 경거망동

40년 전부터 우파나 좌파 상관없이 우리의 지도자들은 대량 실업의 해결책으로 성장 회복에 집중하고 있다. 이것은 진정 사려 깊은 행동인가?

이 질문에 답하는 첫 번째 방법은 1960년 이후 프랑스의 성장 곡선을 10년 단위로 관찰하는 것이다. 매 선거 때마다 대중운동연합UMP-공화당LR과 사회당은 2~2.5퍼센트의 성장률로 하루빨리 복귀할 것을 약속한다. 2~2.5퍼센트는 성장 모델을 바꾸지 않고 실업자에게 진정한 일자리를 제공한다는 조건하에 실업을 줄이는 데 필요한 성장률이다('아르바이트'라는 해결책을 받아들이면, 1.5퍼센트의 성장으로 실업률을 충분히 줄일 수 있다).

잘못된 논리

다음 도표의 곡선을 자세히 살펴보면, 프랑스가 그토록 바랐던 평

1960년 이후 프랑스의 경제성장

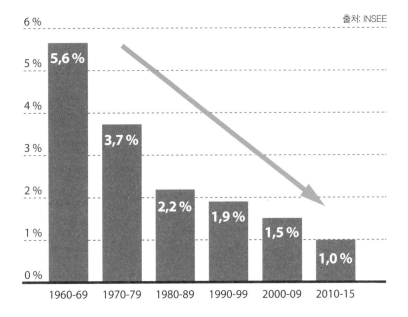

출처: INSEE

균 2.5퍼센트의 성장률을 30년이 넘도록 한 번도 기록하지 못했다는 사실을 확인할 수 있다. 물론 상황이 좋았던 때가 몇 년 존재하기도 했다. 1997년 리오넬 조스팽이 권력을 잡았을 때, 프랑스는 (1988년 미셸 로카르가 총리가 됐을 때처럼) 유가파동에 대한 반사 이익과 인터넷 마그네 틱 코어 그리고 RTT 관련 투자로 이익을 얻기도 했다. 이 3년간 경제 는 급속히 성장했지만 이후 다시 하락세로 돌아섰다.

서브프라임 사태 이전에 이미 몇몇 사람들은 성장에 집중하는 것 은 그다지 중요하지 않다고 지적했다.[1] 하지만 이런 사태가 발발한 이 상, 대량 실업에서 벗어나기 위해 성장 정책을 다시 강화하고 지속시켜야 한다고 그 누가 당당히 말할 수 있겠는가?

실업이 어느 수준에 이르면, 그리하여 8년도 되지 않아 500만 이상의 가정 소득이 급격히 줄어들면, 소비가 다시 활성화거라는 말을 누가 믿겠는가?

이는 잘못된 논리다. 정부는 실업 문제를 해결하기 위해 성장 회복에 기대를 걸지만, 매달 7만 이상의 가정 소득이 급격히 감소하고 있으며 실업자와 '실업수당을 받을 수 없는 실업자'들은 증가 중이다. 이런 가정들은 물론 소비를 줄일 수밖에 없다. '평균' 소득을 유지하고 있는 사람들이라 해서 특별히 낙관적인 상황인 것도 아니다. 곧 직업을 잃거나 퇴직연금이 줄어들 것을 두려워하는 사람들에게, 무엇을 근거로 소비를 부추길 수 있단 말인가? 이는 악순환의 논리다. 성장이 회복되길 기다릴수록 더욱 더 깊은 위기에 봉착하게 된다.

일본: 평균 0.7퍼센트의 성장

모든 산업 국가에서 이런 현상이 나타나고 있음은 이미 확인된 사실이다. 일본은 20년 전부터 평균 성장률이 0.7퍼센트밖에 되지 않았다. 1980년대 말 거의 모든 경제학자들이 일본의 강력한 성장에 감탄했고, 일본이 21세기 세계경제를 지배할 것이라고 확신했다. 사실 이런 강력한 성장은 거품경제에 기인한 것이었다. 그리고 이 거품이 사라진 후 일본은 오랫동안 1퍼센트 이상의 성장률을 기록하지 못했다.

그럼에도 일본은 성장률을 다시 촉진하기 위해 모든 노력을 기울였다.

- 20년 전부터 GDP 적자를 평균 6.6퍼센트로 유지한다는 방대한 경제 활성화 계획
- GDP의 평균 3.3퍼센트를 매년 투자한다는 매우 야심찬 연구 정책
- 투자를 강화하고 화폐 가치를 낮춤으로써 수출을 활성화하는, 제로금리 선택이라는 매우 공격적인 화폐정책

20년간 일본이 최선을 다한 것은 사실이다. 그럼에도 불구하고 평균 0.7퍼센트의 성장률이라는 초라한 결과를 얻었을 뿐이다. 이 결과조차 2008년까지 일본 상품을 대량 수입한 미국과 유럽 덕분이었다. 이 수출마저 없었더라면 일본은 0.0퍼센트 혹은 그 이하의 성장률에 머물렀을 것이다.

적자로 인해 일본의 공공부채는 GDP의 250퍼센트를 넘어섰고 경제성장률은 전처럼 회복되지 않았다. 2012년 12월 총리에 당선된 아베 신조는 매우 의욕적인 경제 활성화 정책을 펼쳤는데, 이는 몇 달 동안 사람들의 눈을 현혹시켰다(2013년 초 이런 밀어붙이기식 정책에 반대한 중앙은행장은 결국 해고됐다). 2013년 6월 7일 도쿄를 방문했을 때, 프랑수아 올랑드는 "일본의 경제 활성화 정책은 유럽에 영감을 줄 것이다"라고 단언했다.

지금 그는 자신의 말을 후회하고 있을 것이다. 1.5퍼센트밖에 안 되는 경제성장을 위해 GDP의 9퍼센트에 달하는 적자를 떠안는다는 것은 그리 자랑스러운 일이 아니었다. 2014년 6퍼센트의 적자에도 불구하고 일본의 경제성장은 전혀 이루어지지 않았고, 2015년 말 일본은 겨우 몇 달간 누렸던 성장 이후 다시 경기불황에 빠져든 듯하다.

2015년 말, 일본의 GDP는 0.4퍼센트 감소했다

일본의 4사분기 GDP는 0.4퍼센트 감소했고, 2015년 전체 경제성장률은 0.4퍼센트에 그쳤다.

2015년은 일본 경제가 특히 지지부진한 해였다. 4사분기 GDP는 이전 분기에 비해 0.4퍼센트 감소했다. 다시 말해 1년 주기로 봤을 때 4사분기의 성장 감소가 1년간 지속되면, 무기력한 가계 소비로 인해 경제성장은 1.4퍼센트 감소하게 된다.

2015년 경제는 2014년에 비해 0.4퍼센트밖에 성장하지 않았는데, 이는 성장이 거의 멈춘 것이나 마찬가지였다.

—AFP, 2016년 2월 16일

일본의 GDP에서 임금이 차지하는 몫은 매년 줄어들고 있다. 몇몇 경제학자들은 일본의 높은 저축률을 칭찬하지만, 그들은 이런 저축에 들어가는 돈이 본질적으로 기업과 주주들의 재산이라는 사실을 잊고 있다.

방대한 경제 활성화 계획에도 불구하고, 21세기에 세계적인 경제 성장을 이끌어낼 것으로 예상된 일본은 스스로 빠진 함정에서 빠져나오지 못하고 있다. 성장률이 장기적으로 0~1퍼센트에 머물 것이라는 일본 경제에 대한 예측은 그럴 가능성이 매우 높으며, 우리가 경제 정책을 바꾸지 않으면 이런 예측은 유럽에도 '분명히' 적용될 것이라고 생각하는 경제학자들이 늘고 있다.[2]

마스트리히트 Maastricht 조약 미가입국이면서 20년 전부터 적자가 GDP의 6~7퍼센트에 이르지만 회복 가능성이 희박한 국가는, 모든 문제를 해결하기 위해선 마스트리히트 조약을 파기하는 것으로 충분하다고 생각하는 사람들(좌파든 우파든 상관없이)로 하여금 다시 한 번 이 문제를 숙고하게 만든다. 물론 긴축정책은 거부해야 한다. 하지만 '적자를 줄이면 성장과 고용이 충분히 회복된다'는 말은 잘못된 것이다.

미국의 완전고용: 신화인가 현실인가?

정부 부채에 자금을 조달하고 경제회복에 특혜를 주기 위해[3] 중앙은행이 3조 5,000억 달러를 발행하는 미국에서조차 성장의 한계에 관한 공공토론이 시작되었다. 여기엔 기본적으로 2가지 원인이 있다.

첫째는 빈약한 성장이다. 2015년 8월, 연방준비제도이사회의 한 간부는 이렇게 질문한다. "우리는 경제활동을 유지하기 위한 목록에 막대한 액수를 적어놓았는데, 2009년 이후 평균 성장률이 2.2퍼센트밖에 되지 않는 것이 과연 이해할 수 있는 일인가?" 인구 증가 효과(미국 인구는 매년 1퍼센트씩 증가한다)를 감안하지 않는다면, 지난 7년 동안 1인당 평균 GDP 증가율은 1.2퍼센트에 그친다. 경제를 성장시키기 위해 대규모 조치들이 취해졌음에도 불구하고 이렇게 성장이 지지부진한 것을 어떻게 설명해야 할까? 둘째는 추락하는 경제활동인구비율이다. 실업률이 미국의 사회적 상황을 제대로 전달하지 못하고 있다고 보는 이유는 매달 20~30만 명의 미국인이 실업자 등록을 포기하기 때문이다. 의욕을 잃은 채 어떤 수당도 받을 권리조차 없는 그들은 실업자 명단에 이름을 올리는 것의 유용성을 체감하지 못한다. 미국의 가장 건전한 지표는 경제활동을 하는 미국 성인 비율을 측정하는 경제활동인구비율(즉, 참여율)이라고 주장하는 경제학자와 시민이 증가하는 것도 이 때문이다.

이 비율은 계속 하락세를 이어가고 있으며, 공식 발표되진 않았지만 최근에는 62.6퍼센트까지 하락했다. 즉, 성인 중 63퍼센트 이하만이 경제활동에 참여하고 있다는 말이다. 2015년 9월 4일 블룸버그 사무소는 '실업률은 5.1퍼센트에 머물고 있지만 경제 참여율은 유례없이 낮다. 노동통계국Bureau of Labor Statics 발표에 따르면, 미국 성인 중 9,400만 명이 경제활동을 하지 않고 있다. 이는 정확한 기록이다'라고 언급했다.

경제학자 장 가드리Jean Gadrey는 이 수치를 다음과 같이 보다 정확하게 설명한다. "15~64세의 미국인 가운데 9,300만 명이 이런 상황에 처해 있다. 유례없는 기록이다. 그들은 누구인가? 젊은이와 학생들(약 2,000만 명), 퇴직자와 임시직 노동자들(5,000만 명)뿐만 아니라, 일하지 않거나 구직활동을 하지 않는 한창 경제활동을 할 나이(25~54세)에 속한 2,400만 명의 남녀 등이 이에 속한다. 이에 비하면 850만 명의 '진정한 실업자들(일자리를 찾고 있는 사람들)'의 수치는 별것 아닌 것처럼 보인다. 갤럽연구소 회장 짐 클리프턴 같은 몇몇 평론가들은 '실업에 관한 커다란 거짓말'을 언급한다. 어쨌든 큰 실수를 저지르지 않으려면, 이 9,300만 명을 제대로 분류해야 한다. 나는 갤럽연구소 회장의 평가를 따를 것이다. 내가 다음에 인용하게 될 근거를 살펴보면 그 진위를 평가할 수 있기 때문이다. '현재 타의에 의해 일자리를 잃었거나 심각한 불완전고용 상태에 있는 미국인은 3,000만 명이 넘는다.' 이 3,000만 명에 공식 실업자 수 855만 명을 더하면 대략 24.3퍼센트라는 실업률이 나오는데, 이는 프랑스 실업률보다 높은 수치다."[4]

이런 근본적인 상황은 위기에서 벗어나려면 다음과 같이 '미국처럼 행동하는' 수밖에 없다고 생각하는 모든 사람들을 다시 생각하게 만든다.

- '유로존에서 탈퇴하고 미국처럼 화폐를 발행하는 수밖에 없다'
- '미국처럼 노동법의 상당 부분을 폐지하는 수밖에 없다'
- '미국처럼 사보험 도입을 각오하고라도 노동비용을 낮추는 수밖에 없다'
- '안타깝게도 경제가 제대로 돌아가지 않는다!'

실제로 완전고용을 추구한다면 미국은 절대 모델국가가 될 수 없다. 대부분의 프랑스 지도자들은 미국이 완전고용 상태에 있다고(성인의 100퍼센트가 경제활동을 하고, 실업률은 5퍼센트며, 일하는 사람들은 주 40시간 근무하는 좋은 직업을 갖고 있다고) 생각하는 데 반해, 실제로 미국은 불평등이 심각하며 경제활동인구비율은 매우 하락한 상태다. 그리고 직업을 가진 사람들 중에는 노동통계국이 '평균 노동시간이 34.4시간'이라고 지적하는 임시직도 상당수 존재한다. 장 가드리의 말을 인용하자면 갤럽연구소 회장은 2015년 2월부터 다음과 같이 설명하면서 미국의 실업률을 커다란 거짓말이라고 소개했다. "하지만 다른 중요한 숫자, 즉 파트타임으로 근무하지만 풀타임으로 근무하길 원하는 사람들의 수는 크게 주목받지 못하고 있다. 여러분이 화학 혹은 수학 관련 학위를 소지하고 있다면, 그리고 구할 수 있는 일이 고작 10시간 파트타임 근무밖에 없어 그 일이라도 해야 한다면, 다시 말해 불완전고용 상태에 처해 있다면, 정부는 여러분을 5.6퍼센트의 고용률에 포함시키지 않는다. 이런 사실을 알고 있는 미국인은 거의 없다. 이를 달리 말할 방법도 없다. 오랫동안 그리고 가끔은 영원히 실업 상태인 사람들, 그리

미국의 완전고용: 신화와 현실

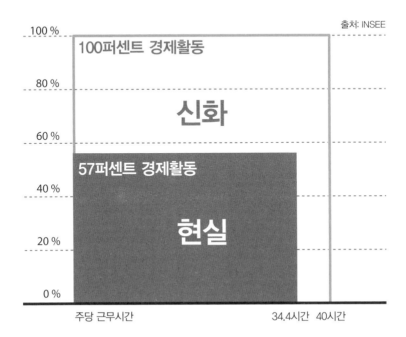

고 불완전고용 상태에 있는 사람들의 고통을 심각하게 과소평가하는 공식적인 실업률은 한마디로 거짓말이다."[5]

경제활동 참여율이 62.6퍼센트로 떨어진 반면, 평균 노동시간은 40시간에서 34시간으로 줄어들고 있다.

갤럽연구소 회장의 말을 다시 인용해보도록 하자. "그런데 거짓말은 중대한 결과를 초래한다. 미국의 원대한 꿈은 직업을 갖는 것이었는데, 최근 몇 년간 미국은 이 꿈을 실현하는 데 실패했기 때문이다. 양질의 직업은 개인의 중요한 신분, 평가조건, 권위를 나타낸다. 즉,

직업이란 한 개인이 동료, 공동체, 국가와 관계를 맺는 초석이다. 시민의 재능, 교육 그리고 경험에 상응하는 양질의 직업을 제공하지 못한다면, 우리는 원대한 꿈을 실현시키지 못하는 것이다." 갤럽의 경우 양질의 직업이란 결국 정기적인 임금을 제공하는 조직에서 주 30시간 근무하는 것이다. "현재 미국의 18세 이상 성인 인구의 44퍼센트가 풀타임으로 근무한다. 우리는 이 수치를 50퍼센트로 끌어올려야 하며, 이를 위해선 최소 1,000만 개의 양질의 직업을 만들어 미국 중산층을 다시 구축해야 한다. 나는 '실업률은 많이 하락했지만, 대부분의 사람들은 이를 체감하지 못하고 있다'는 말을 항상 듣는다. 대중매체, 말 많은 지도자들, 백악관 그리고 월스트리트는 다시 거짓이 아닌 진실, 즉 양질의 직업을 갖고 있는 미국인들의 비율 그리고 완전고용과 실제적 고용을 알리기 시작할 것이다. 그러면 우리는 통계치와 현실이 서로 맞지 않는 이유를 더 이상 따지지 않을 것이다. 그리고 중산층이 줄어드는 이유 또한 따지지 않을 것이다."[6]

이민과 연방준비제도이사회의 3조 5,000억 달러 투입 덕분에 경제활동이 분명 증가했음에도 불구하고, 경제활동비율이 큰 폭으로 하락한 이유는 무엇일까? 이는 생산성의 증가 때문이다. 다시 말해 로봇, 디지털 기계, 소프트웨어 그리고 임금 노동자들의 지능 덕분에 매년 보다 적은 노동으로 보다 많은 재화와 서비스를 생산해낼 수 있는 것이다.

다음 두 도표의 곡선을 보면, 한쪽에서는 미국 부채가 급격히 증가하고 다른 한쪽에서는 경제활동비율이 심각하게 하락하는데, 누가 감히 이를 '통제 가능한' 상황이라고 말할 수 있겠는가? 누구라도 미국 '모델'을 그럭저럭 따라가는 것 대신 새로운 모델을 만드는 것이 시급

1952년 이후 미국의 총부채(금융 부문 부채를 제외한)

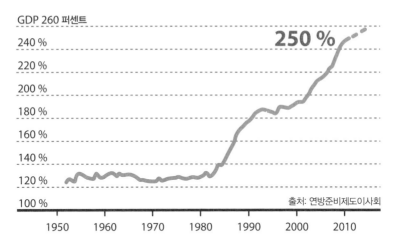

GDP 260 퍼센트

240 %

220 %

200 %

180 %

160 %

140 %

120 %

100 %

250 %

출처: 연방준비제도이사회

1950   1960   1970   1980   1990   2000   2010

1995년 이후 미국의 경제활동비율

출처: 노동통계국, 2015년 9월

67 %

66 %

65 %

64 %

63 %

62 %

67 %

65 %

62.6 %

1995   2000   2005   2010   2015

하다고 생각하지 않겠는가?

성장, 전 세계적인 환상

과연 실업에서 벗어나려면, 아직도 성장에 기대를 걸어볼 만한가? 50년 전부터 프랑스에서 일어난 일을 관찰하고, 20년 전부터 일본을 주시하고, 7년 전부터 미국의 동향을 분석해보면, 성장 회복에 집중하는 것은 그다지 중요하지 않다는 결론에 이를 수밖에 없다. 우리의 지도자들이 곧 성장 궤도에 오를 것이고, 위기에서 벗어날 거라고 계속 이야기하는 것은 올바른 태도가 아니다.

프랑스 정부는 2016년 1.5퍼센트의 성장률을 기대하고 있다. 그래, 좋다! 0퍼센트보다는 나으니까. 하지만 이렇게 빈약한 성장률로 실업률을 낮출 수 있다는 걸 누가 믿을 수 있겠는가?

특히 요즘 사람들은 누구나 성장이 심각한 환경 피해를 불러온다는 사실을 알고 있다. 제21차 유엔기후변화협약당사국총회^{COP} 21에서 결정된 사항을 실행에 옮기길 원한다면, 선진국들의 성장 속도와 형태를 정확히 검토해야 한다는 사실도. 우리는 더 이상 이전처럼 단지 성장의 회복에만 기대를 걸어서는 안 된다.[7]

게다가 2016년 초에는 정부의 낙관론을 정당화할 상황이 뚜렷이 나타나지 않았다. 실제로 경제가 후퇴한 나라는 일본뿐만이 아니었다. 브라질, 캐나다 등도 이 경우에 해당됐다. IMF와 OECD는 2008년 금융위기보다 더 심각한 새로운 금융위기가 닥칠 수 있음을 계속 경고하고 있다(실제로 2008년 금융위기를 맞은 국가 중 그 어떤 나라도 위기를 해결하지 못했다).

조지프 스티글리츠$^{Joseph\ Stiglitz}$는 "2008년 이후 사람들은 타이타닉호 갑판 위에 있는 안락의자들을 옮겨놓는 것에 만족하고 있다"라며 안타까워한다.[8] 안타깝게도 그의 말이 옳다. 많은 서방국의 금융시장은 위기 이전 수준 혹은 그 이상 수준으로 회복됐다. 이를 위한 정책에 자금을 지원하려고 모든 수단을 동원했지만 정책 조절에 아무 도움도 주지 않은 중앙은행들의 암묵적 동조를 이용하면서, 은행과 연금기금은 아무 일도 없었다는 듯 다시 투기를 시작했다. 다음의 《레제코Les Échos》 기사에서 알 수 있듯, 부채가 극에 달하자 투기 또한 최고조에 이르렀다.

위험 수준의 부채

2007~2014년 세계 부채는 57조 달러로 늘었다.

중국의 부채는 7년 만에 4배로 늘었고, 지금은 미국의 부채를 상회한다.

지난해 당사자들(국가, 가계, 기업)의 부채는 세계 GDP의 286퍼센트에 이르렀다. 이는 성장을 억누를 가능성이 있는 위험 수준이다.

—《레 제코》, 2015년 2월 7일

세계 총 부채: 7년간 57조 달러 이상!

2015년 2월 《레 제코》에 게재된 맥킨지 연구는 프랑스의 거의 모든 신문에 다시 실렸다. 그런데 우리가 잘못 알고 있는 건지 모르겠으나, 그 어떤 정치 책임자도 이에 관해 전혀 언급하지 않았다.

여전히 굴러가고는 있지만 300미터 가는 데 1리터의 기름이 필요한 자동차처럼, 점점 더 성장이 악화되는 경제를 위해 계속해서 더 많은 부채를 떠안아야 하는 세계경제는 항상 경제 동력을 와해시킬 가능성을 갖고 있다.

미국 연방준비제도이사회는 8년 전부터 실행 중인 극단적인 타협정책에서 어떻게 벗어나야 할지를 모른다. 프랑스의 가계부채는 GDP 의 55퍼센트밖에 되지 않는 반면, 캐나다의 가계부채는 GDP의 90퍼센트를 차지하고 있다. 캐나다가 2008년 금융위기 이후 긴축정책을 무사히 시행할 수 있었던 것은 20년 전부터 끊임없이 증가해온 부채 '덕분'이다. 이렇게 문제를 회피해온 결과에 대해, 이제 캐나다는 대가를 지불하게 될 것인가?

개인부채 수준이 위험 단계에 이른 국가는 미국과 캐나다뿐만이 아니다. IMF는 태국, 말레이시아, 네덜란드, 한국, 스웨덴 그리고 호주의 개인부채 또한 걱정스럽게 지켜보고 있다. 그만큼 이런 국가들은 언제라도 위기를 맞을 가능성이 농후하다.

▎중국이 위기에 봉착하면

가장 불안한 국가는 중국이다. 상하이 주식시장은 1년에 약 150퍼센트 성장한 후 몇 달 만에 주식의 절반을 잃었다. 4조 달러 이상이 사라진 것이다. 4조 달러는 프랑스 GDP의 2배에 해당하는 액수다.

하지만 표면적으로는 모든 것이 잘돼가고 있다. 중국 중앙은행과 정부는 상황을 통제하고 있고, 일부 사람들은 이런 금융위기 여파로 몇 분기는 혼란을 겪겠지만 이후에는 정상으로 돌아올 것이라 생각한다. 사람들은 "중앙은행은 손해를 입은 은행에 자금을 지원할 충분한 외화를 보유하고 있다"는 말을 듣곤 한다. 하지만 안타깝게도 중국과 그 외의 세계 모든 국가들 역시 이런 낙관적인 평가가 현실화될 수 없다는 사실이 매우 걱정스럽다.

사실 중국은 세계에서 가장 불안정한 나라 중 하나다. 세계경제에서 가장 확고한 요소는 사람들이 '생계비'라고 부르는 것이다. 유럽인의 소비는 유럽 경제의 60퍼센트를 차지한다. 인도의 소비는 GDP의 60퍼센트, 미국은 70퍼센트를 차지하지만 중국의 소비는 30~35퍼센트에 그치고 있는데, 이는 수많은 중국인이 정당하지 않은 임금으로 생활하는 동시에 올바른 소비 방법을 모르기 때문이다. 따라서 GDP의 30~35퍼센트만이 가계소비로 확보되는데, 이것이 바로 중국 경제가 20년 전부터 그토록 수출에 의존해온 이유다.

서방국가로의 수출이 급격히 하락한 2009년 초, 물론 중국 정부는 경기불황을 피하길 원했다. 임금 노동자들의 소득을 증가시키는(이는 항상 공식적인 목표였지만 실행은 언제나 다음 과제로 넘겨졌다) 대신, 중국은 투자를 더욱 활성화하길 원하고 은행들에 모든 대출금 요구를 받아들일 것을 명령했다.

중국은 1년간 GDP의 44퍼센트에 해당하는 금액을 경제에 투입할 계획이다. 그중 30퍼센트는 민간 대출금, 14퍼센트는 공공부채로 조달된다. 이런 움직임은 2010년과 2011년에 계속됐다. 중국 전역에서 건축 붐이 일었던 적이 있는데, 당시《르 피가로》에 게재된 다음 기사가 이를 증명하고 있다.

중국의 한 마을에는 에펠탑보다 큰 건물이 있다

중국 화시 구의 한 마을에서 높이가 328미터에 달하는 고층건물 낙성식 50주년 축하행사가 열렸다. 5성급 호텔인 이 건물 꼭대기에는 1톤의 황금으로 만든 소 동상이 있다.

《르 피가로》, 2011년 10월 10일

같은 날《리베라시옹Libération》은 '이 고층 건물과 황금 소는 동시에 만들어졌다'는 기사를 실었다. 하지만 마강한 힘에 열광하고 문제 해결을 회피하는 데에도 한계가 있다. 많은 지역에서 부동산 거품현상이 급격히 나타났고 부동산 가격은 하락하기 시작했다. 그 결과 현재 과잉 공급된 건물들이 도처에 빈 채로 남아 있다.

공식적으로 모든 것이 통제된다. 즉, 중국은 억제된 속도 조절을 인식하고 있는 것이다. 중국의 INSEE 집행부는 '성장률을 7.4퍼센트에서 6.9퍼센트로 낮춘다'고 발표했지만 실제 결과는 중국 정부가 인정할 수 있는 것보다 훨씬 더 극단적이다.

GDP의 공식 수치를 꾸며낼 수는 있지만 산업 활동의 좋은 지표인 철도수송량은 변조할 수 없다. 실제로 철도수송량이 2009년 6퍼센트밖에 감소하지 않았는데, 정부는 1년간 15퍼센트가 감소했다고 발표했다.

정부가 인정한 대로 경제활동비율이 계속 7퍼센트씩 증가했다면, 철도수송량이 1년간 15퍼센트 감소했다는 사실을 어떻게 설명할 수 있는가? 이상한 일이다. 중국이 꾸밀 수 없는 2가지 지표가 있는데, 1년간 2퍼센트 감소한 전기소비량과 1년간 14퍼센트 감소한 수입량이 그것이다. 6.9퍼센트 이상의 경제성장률을 유지하면서 수입량이 14퍼센트 감소했다는 사실을 어떻게 설명할 수 있단 말인가?

2016년 초 중앙정부는 소비량을 큰 폭으로 증가시켰고, 지방자치단체에게 10 혹은 100여 명에게 일자리를 제공할 수 있는 모든 투자계획을 (그것이 불필요한 것일지라도) 수용하라고 강력히 권고했다. 부동산 거품이 사라지면서 나타난 경제활동의 감소는 매우 중요하지만, 사회적 불만이 증가한다는 점에서 보면 정부는 이런 경기침체를 벗어나기 위해 분명 모든 방법을 취할 것이다. 게다가 중국은 매우 불투명하고 비민주적인 국가여서, 앞으로 몇 달 안에 어떤 일이 벌어질지 쉽게 상상하기가 어렵다.

중국의 총부채는 이미 GDP의 280퍼센트 이상이 됐다. 결국 이는 아무런 거리낌 없이 300퍼센트 혹은 그 이상으로 증가할 것이다. 2016년 1월 민간은행들의 대부금 총액은 12월 총액의 4배에 달했다. "잠시만 기다려주세요, 집행관 나리!" 경제 붕괴가 내일 일어날지 아니면 문제 해결을 회피하는 상황이 계속될지 아무도 모른다. 그와 반대로 세계경제시스템이 안정적이라고 생각하는 사람은 아무도 없다. IMF와 OECD가 '세계경제가 비정상적으로 움직일 가능성이 증가하고 있다'[9]고 강조한 것은 옳다.

자멸적 위기

2007년 미셸 로카르Michel Rocard(프랑스 총리를 지낸 정치가 – 편집자)는 "자본주의는 인간의 자멸적 위기를 몸소 체험하고 있다. 우리 사회주의자들은 이에 대한 해결책을 내놓는 데 분명 유리한 입장에 서게 될 것이다"라고 말했다. 하지만 안타깝게도 9년이 지난 지금까지도 바뀐 것은 아무것도 없다. 오히려 상황은 더 나빠졌다. 그리고 우리의 통치자들은 어떠한 해결의 실마리도 제시하지 않았다. 위기의 근본을 파헤치고 극복하려 애쓰기는커녕, 모두가 철저히 개선해야 한다고 입을 모으는 경제시스템을 완전히 바꾸기는커녕, 그들은 문제 해결을 계속 회피하고 얼버무렸다. "지금까지 모든 것이 잘돼가고 있다. 지금까지 모든 것이 잘돼가고 있다……." 이런 회피 현상은 언제까지 지속될 것인가? 언제까지 고무줄을 끊지 않고 잡아당기기만 할 수 있을까?

위스키 너블로 인한 숙취를 치료할 수 있을까? 부채는 계속 쌓여가는데, 위기에서 빠져나올 수 있을까? 오늘날 많은 국가들이 전 세계적으로 부채가 쌓여가는 것에 우려를 표하고 있다. 파트릭 알튀Patrick Artus(프랑스 투자은행 나티시스Natixis의 수석 이코노미스트 - 편집자)는 "채권 거품이 곧 급증할 것이다. 그리고 2008년보다 더한 위기가 닥칠 것이다"라고 단언한다.[10] 모두가 걱정하고 있지만, 현 상황에서 적자 상태가 멈추면 심각한 경기침체 현상이 다시 나타날 것이라는 사실 또한 잘 알고 있다.

지도자들은 점점 더 정신분열증 환자가 돼가고 있는 듯하다. 성장률이 이미 도처에서 하락하고 있는데, IMF와 OECD는 하루는 중앙은행들이 수천억을 방출하는 것을 걱정하고, 그 다음날은 이들이 유동성을 줄일 가능성을 걱정한다. 화폐 발행을 멈춘다고? 부채를 막는다고? 경제학자 누리엘 루비니Nouriel Roubini는 "이는 해도 욕먹고 안 해도 욕먹는 일"이라고 간단히 요약한다. 과연 어떤 선택을 할 것인가? 지금 당장 경기침체의 늪에 빠질 것인가, 아니면 얼마 후 부채의 벽에 부딪힐 것인가?

2008년 말 조지프 스티글리츠는 "폴슨 플랜*은 내부출혈로 고통받는 환자에게 수혈하는 것이다"라고 주장했다. 7년 후, 바뀐 것은 아무것도 없었다. 사용 가능한 혈액이 얼마 남지 않은 것을 살짝 걱정하면서도 '내부출혈'의 위치를 알아내거나 이를 치료하려 하지 않고, 우

---

* 폴슨 플랜Paulson Plan은 금융위기에 대처하기 위해 미국이 2008년 9월부터 실시한 것으로, 재무부가 독성자산을 매입할 것을 예상한 상태에서 미국은행들을 구제하기 위해 세운 계획이다.

리 경제에 엄청난 양의 달러를 투입하고 있다.

IMF가 걱정하는 세계경제의 붕괴 혹은 일탈을 막기 위해서는 스티글리츠가 말한 내부출혈이 어디서 시작되는지를 알아내는 것이 중요하다. 즉, 부채 증가를 멈추면 왜 세계경제는 침체국면으로 접어드는지, 세계경제는 왜 부채에 '중독돼' 있는지, 세계경제를 부채에서 어떻게 분리시켜야 하는지 등의 문제를 이해하는 것이 중요하다.

이런 심각한 중독의 원인들을 이해하려면, 지난 50년간 미국에서 벌어진 부채 증가 과정을 관찰해야 한다. 1981년까지 GDP 비율은 매우 안정적이었다. 경제가 꾸준히 성장하였으므로 부채의 필요성을 느끼지 못했다. 단체의 규정들에는 완전고용, 임금의 정기적 인상 그리고 임금 노동자와 주주들 간의 공정한 분배가 보장돼 있었다. 이런 '포드주의적 타협안' 덕분에 미국은 부채 없는 안정세를 유지할 수 있었다.

그런데 1981년 로널드 레이건이 백악관에 입성한다. 그리고 자유주의자들은 최고 부자에 대한 세금을 낮추는데 이로 인해 세수가 줄고 공공부채가 증가하게 되었다. 부채 증가의 가장 큰 원인은 규제완화 정책이 GDP에서의 임금 노동자들의 몫을 낮추었기 때문이다. 수많은 미국인들이 삶의 수준을 유지하기 위해 빚을 내기 시작한 것은 이때부터다. 51페이지의 곡선은 이를 정확히 보여준다.

1982년 OECD 모든 국가에서 임금의 몫은 GDP의 67퍼센트였다. 그런데 OECD에 따르면, 위기가 발생한 2008년의 임금의 몫은 GDP의 57퍼센트밖에 되지 않았다. 1970년대 말 몇몇 국가의 임금의 몫은 아마도 매우 높았겠지만(그리고 몇몇 활동 분야에 대한 기업의 투자를 막았겠지만), 10퍼센트 하락은 매우 큰 수치다. 그리고 이로 인해 가계소비는 심각한 타격을 받는다.

'중앙은행 중의 중앙은행'이라 할 수 있는 국제결제은행[BIS]은 2003년 7월 이미 연례보고서를 통해 '소비자 부족으로 인한 세계경제 침체의 위험'을 강조했다. 소비사회에는 소비자들이 필요하다. 실업자와 임시직 노동자가 끝없이 증가하고 직업을 가진 사람들의 소득이 정체되면, 대체 누가 기업의 주문일지를 채울 것인가?

임금 몫의 감소는 어떻게 설명할 것인가? 이에 관해선 이미 앞에서 말했다. 즉, 실업에 대한 두려움은 협상을 불평등하게 만들었다. "불만이 있으면 다른 곳에서 일자리를 찾아보도록." 프랑스도 예외 국가는 아니다. 서브프라임 모기지 사태가 발생하기 전에도 일본의 임시직 고용률은 32퍼센트였다. 독일의 실업자는 400만 명이었고 임시직 노동자는 600만 명이었다. 사태가 발생하기 전에도 미국은 공식적으로는 완전고용 상태에 있었던 데 반해 실제로는 주 10~15시간 근무하는 '나쁜 일자리'가 상당히 존재했고, 그 결과 실업자들을 계산에 넣지 않은 상태에서의 평균 노동시간은 주 34시간 이하로[11] 떨어졌다.

앞에서 보았듯이, 수년간 시스템은 임금이 아닌 민간부채를 통해 구매력을 분배했다는 이유만으로 작동됐다. 하지만 문제 해결을 회피하는 데에는 분명 한계가 있다.

실업, 금융위기의 근본 원인

금융위기의 근본 원인은 30년에 걸쳐 증가해온 실업과 불안정성이다. 임금의 몫이 그토록 줄어든 것은 대량 실업 때문이다. 우리 경제가 부채를 그토록 필요로 하는 것 또한 바로 실업 때문이다.

따라서 실업은 단지 위기의 가장 심각한 '결과'가 아니라 위기의 첫 번째 원인이기도 하다. 앞서 말했듯이 임금의 감소가 명백하고도 일반적인 현상으로 자리 잡았던 것은 실업과 불안정성 때문이다. 사람들이 빚을 지도록 몰아붙인 것은 바로 이 '보편화된 임금 감축' 때문이다.

2003년부터 BIS의 판단은 옳았다. 민간부채와 공공부채에 투자하지 않았더라면, 불평등의 득세와 매우 낮은 수준의 임금이 세계를 경기침체로 몰아넣었을 것이다. 안타깝게도 국제결제은행이 이런 경고를 한 지 13년이 지난 지금까지 바뀐 것은 아무것도 없다. 아니, 상황은 더 나빠졌다. 현재 모든 서방국가들의 임금은 2000년대 초보다 낮고, 상위 1퍼센트의 최고 부유층(그리고 금융시장과 조세피난처로 가기 위해 실물경제를 떠나는 사람들)은 여전히 부의 과도한 부분을 차지하고 있다.

따라서 붕괴를 피하고 '출혈'을 멈추기 위해선 실업 문제를 정면으로 다루어야 한다. 하루빨리 위기에서 벗어나려면, 최대 다수에게 진정한 일자리와 진정한 협상능력을 제공해야 한다(또한 조세 회피와 싸우고 상속과 같은 금융거래에 관한 진정한 과세를 실행해야 하지만 이는 이 책의 주제가 아니다).

이런 주장은 임금 감축, 임시직 그리고 항상 세계화에 대해 보다 폭넓게 적응하라고 주장하는 모든 사람들과는 분명 반대 입장이다. 또 "독일은 임금을 낮추었고 임시직을 수용했다. 스페인도 임금을 낮추고 임시직을 수용했다. 우리도 이들처럼 실행할 용기를 가져야 한다"라고 과한 주장을 펴는 사람들과도 반대 입장에 서는 것이다.

일자리: 유럽이 집중해야 할 과제

1995~2014년 독일 일자리의 단위비용 증가율은 10퍼센트로 유럽 평균 이하였다. 이러한 임금 감축은 독일의 특별한 수출력(경쟁력)의 절반을 설명하는데, 실제로 독일은 중국보다 훨씬 앞선 세계 최고의 수출국이다.

2008년 금융위기에 대한 스페인의 대응은 노골적인 임금 감축으로, 2008~2014년 일자리 단위비용은 8퍼센트 감소했다(반면 프랑스의 경우, 같은 기간 동안 10퍼센트 증가했다).

유로존 여타 국가들에서의 임금 감축 효과는 프랑스 실업률 중 2퍼센트를 설명한다. 다시 말해 프랑스의 실업 문제는 부분적으로 유럽의 어긋난 정책 때문이라는 것이다.

이런 불균형 상태에 직면하면, 임금 감축 경쟁은 일시적으로 몇몇 유럽 국가에게만 혜택을 주어, 2월에 나타난 디플레이션 현상이 보여주듯 유로존을 디플레이션에 빠트리는 실질적인 위험이 된다.

2011년부터 시작된 유럽의 지나친 예산 긴축이라는 잘못된 점을 고려해보면, 유럽이 필요로 하는 문제를 매우 심각하게 받아들이는 것이 바람직하다.

—자비에 라고, 프랑스 경제전망연구소 소장, 《리베라시옹》, 2016년 3월 17일

덤핑을 계속하는 것은 과연 '용기 있는' 정책인가? 그렇지 않다. 이는 자멸적 정책이다. 정치적으로 혹은 사회적으로뿐만 아니라 경제적으로도 그렇다. 물론 강력한 성장이라는 맥락에서 이런 부류의 정책을 실행에 옮기는 국가가 하나만 존재하고 인근 국가들은 구매력을 계속 분배한다면, 해당국은 이 정책을 통해 단기간에 밀항자 신분에서 벗어나 보다 강해질 수 있다. 2004년 하르츠^{Harts} 법안이 가결되면

서 독일은 임금 노동자들의 실질임금을 평균 약 4퍼센트 감축하도록 한 반면, 나머지 유럽 국가는 실질임금을 계속 증가시켰다.

독일의 경제 지도자들은 이런 자신들만의 전략으로 인근 국가들을 희생시키면서 시장을 넓히는 데(그리고 유럽에서처럼 세계무역에서 시장을 확보하는 데) 성공했다. 하지만 유럽의 모든 국가가 임금을 4퍼센트 낮췄다면 어떤 일이 벌어졌을까? 모두가 경기침체에 빠졌을 것이다.

프랑스도 규제완화 정책을 펼쳤더라면 지금 어떤 일이 벌어지고 있을까? 2004년 이후 상황은 많이 바뀌었다. 프랑스 경제는 시장의 작은 부분만을 확보했을 것이고(유럽과 세계경제의 성장은 2004~2006년에 비해 훨씬 미약하므로), 독일이 임금 노동자들을 굴복시켰던 임시직 집중치료의 교훈을 부분적으로 받아들이면서 반대로 최저임금을 실행하는 그 순간에도, 내부 소비가 급격히 줄어드는 결과를 분명 초래했을 것이다.[12]

임금의 몫을 너무 낮춰 위기가 발생한 것인데, 임금을 더 낮춰야 한단 말인가? 분명 그렇지 않다. 이런 방법을 취하면 우리는 경제적으로 파산하고 말 것이다. 물론 그 안에서는 가장 경쟁력 높은 국가로 남겠지만 이는 신통치 않은 위안에 불과하다.

신자유주의자에게는 실례가 되겠지만, 우리는 복지국가의 위기에 직면한 것이 아니라 본질적으로 그 지속기간과 중요성이 복지국가의 전형적인 해답에 충분히 대응하지 못하고 있는 자본주의의 위기에 직면해 있는 것이다.

2008년 이후 사람들은 특히 국가가 은행 보증인 역할을 하기 때문에 공공부채를 자주 거론하지만, 근본적으로 위기는 국가 때문에 발생한 것이 아니다. 바로 소득 불평등 때문인데 이는 반대로 부채 증가를 유발한다.

일부 사람들은 세계가 위기에서 빠져나오지 못하는 한 사회 발전은 포기해야 할 일종의 사치라고 믿고 싶어 한다. 하지만 이는 사실과 다르다. 그들은 상황을 전혀 이해하지 못하고 있다. 사회 발전은 더 나은 시절이 도래할 때까지 포기해야 할 사치가 아니다. 사회 발전은 분명한 의무이며 매우 긴박한 사안이다. 사회가 전반적인 붕괴로 휩쓸려가기 전에 사회 정의를 다시 구축하는 것만이 위기에서 빠져나오는 유일한 방법이다. 오로지 이 방법뿐이다.

필라델피아 정신 이어받기

1929년 위기와 제2차 세계대전 이후 취해진 첫 번째 행위를 기억해야 한다. 모든 역사서는 국제금융시스템을 재건하고자 1944년 7월 22일 루스벨트 대통령이 소집한 브레턴우즈 Bretton Woods 회의의 중요성을 강조한다. 하지만 브레턴우즈 회의 소집 전, 루스벨트는 1944년 5월 10일 필라델피아에서 모든 동맹국 정상들을 소집한다.

루스벨트와 이 자리에 참석한 지도자들이 이날 서명한, 매우 훌륭한 문장으로 이루어진 이 선언은 시사하는 바가 매우 크다.[*]

알랭 쉬피오 Alain Supiot 와 베르나르 티보 Bernard Thibault 는 최근 이 선언문을 다시 언급했다. 다음은 선언문에서 발췌한 부분이다.

---

[*] 1944년 이후 세계는 분명 많이 변했다. 기후와 에너지는 중요한 문제였지만 의제에 오르지 못했다. 오늘날 많은 사람들은 이 문제로 인해 계속 가중되는 위험성 면에서, 새로운 브레턴우즈 회의를 소집해야 한다고 말한다. 그들이 옳다. 하지만 1944년과 마찬가지로 회의 이전에 사회 정의의 재건과 기후변화 대처에 관한 규정 선언이 선행돼야 한다.

필라델피아 회의는 국제노동기구^{ILO}의 목표와 목적을 제시하는 이 선언을 채택한다. 이번 회의는 다음과 같은 기본원칙들을 명시한다.

· 노동은 상품이 아니다.
· 빈곤 지역이 존재할 경우 모든 지역의 번영은 위협을 받는다.

'오직 사회 정의에 기반을 두어야 지속적인 평화가 구축될 수 있다'고 생각하는 본 회의는 완전고용과 삶의 수준 향상을 실현한다는 엄중한 의무를 인지한다. 이 목표를 달성하기 위해 임금과 소득, '노동시간'과 그 이외의 노동조건, 직업을 갖고 있고 보호가 필요한 모든 사람에게 필수적인 최저임금, 그리고 보호를 필요로 하는 모든 사람에게 기본소득을 보장해주는 사회보장과 의료행위 정책의 확장에 관한 발전의 결실에 모두가 '공평하게 참여할 수 있는' 가능성을 열어둔다.

"노동은 상품이 아니다." 사람들은 조제 보베$^{José\ Bové}$(프랑스의 대표적인 반세계화 운동가. 농부연맹을 창설했고 프랑스농민연합 대변인으로도 활동 중이다 – 편집자)의 말을 믿는다. 이는 루스벨트의 생각이기도 하다. 모든 성인의 삶의 기본 가치 면에서, 그리고 소비를 촉진시키는 임금의 중요성 면에서 볼 때, 인간의 노동은 노동의 양이 과해질 때 헐값에 팔 수 있는 상품이 아니다.

필라델피아 회의는 임금 감축을 규탄하는 반면, 각 국가가 최저임금과 노동시간을 규정할 필요가 있다고 주장한다. 1929년 위기와 이 위기에서 발생한 야만적 행위를 경험한 모든 사람들은 자유롭고 공정한 경쟁을 신뢰할 수 없다고 확신했다. 즉, '사회 정의가 없다면 지속적인 평화도 없을 것이다'라고 생각했던 것이다.

하지만 이 회의의 서명자들은 선언에 만족하지 않았다. 그들은 모든 국가와 세계무역 당사자들이 존중해야 할 사회규정을 설정해놓았다. 이는 경쟁(국가 간 경쟁 혹은 국가에서의 기업 간 경쟁)과 혁신을 방해하지 않았고, 모두는 이 규정들을 존중했다.

미국에서 '필라델피아 정신' 혹은 프랑스에서 '레지스탕스 전국평의회 정신'이라고 부르는, 1929년 위기를 체험한 모든 이들이 기억하는 이 교훈은 대서양 양쪽 국가들에서 동일시되었다. 그리고 그들이 제정한 각 국가와 세계무역에 관한 규정들은 (민간부채든 공공부채든) 부채 없이 30년간 번영을 누리게 했다.

따라서 우리가 사회 정의와 규제완화 정책을 거부하지 말아야 한다고 주장하는 것은 단지 인본주의 때문만은 아니다. 이는 사회 정의란 위기 때문에 포기해야 할 사치가 아니라고 주장하는 '물질적 비참함', 즉 경제적 어리석음 때문이기도 하다. 실업을 저지하는 것, 즉 진정한 일자리와 진정한 임금을 최대한 제공하는 것이 오늘날 위기에서 벗어나는 유일한 방법이다.

따라서 '해도 욕먹고, 안 해도 욕먹는다'는 루비니의 딜레마에서 벗어나고 세계경제의 일탈을 피하기 위한 중요 질문은 다음과 같다. '저성장 상태에서 어떻게 실업과 불안정성 문제를 해결할 것인가?'

이것은 마법과 같은 성장회복에 기대를 거는 데 익숙한 모든 정치인에게 커다란 수수께끼다. 바로 프랑수아 올랑드가 국격의 실추 혹은 엘 콤리 법안과 같은 토론으로 국가를 분열시키는 대신 국가를 결집시켜야 했던 대규모 국가 토론이다. '성장 없이도 대량 실업에서 벗어날 수 있을까?' 하는 것이 앞으로 몇 달 혹은 몇 년에 걸쳐 다루어야 할 중요 쟁점이다.

이 문제에 답하려면 무엇보다 실업의 기원을 잘 이해하는 것이 필요하다. 즉 '왜 40년 전부터 모든 서방국가에서 실업과 불안정성이 증가했는가?'라는 문제 말이다.

3장
실업: 생산성 증가는
어떤 결과를 가져왔는가

실업의 원인을 이해하지 못하면서 어떻게 그것을 극복할 것인가? 실업은 결국 흔히 말하는 세계화 때문인가? 그렇지 않다고 다니엘 코엔^{Daniel Cohen}(프랑스의 실용경제학자-편집자)은 단정적으로 말한다.

산업 분야에서 고용 감소의 주요 원인은 세계무역보다는 생산성 증가와 관련이 있다. 지난 몇 년간 산업 분야에서의 생산성은 다른 경제 분야에서의 평균치보다 2~3배 이상(약 4퍼센트) 증가했다.

다시 말해 같은 양의 산업재화를 생산하기 위해선 매년 4퍼센트의 노동자들을 감축해야 한다. 요컨대 산업 분야에서의 10~15퍼센트의 고용 감소는 국제무역과, 나머지 85~90퍼센트는 생산성 증가와 연관돼 있다고 말할 수 있다.

게다가 프랑스 GDP에서 산업 분야가 차지하는 부분을 검토하는 것같이 다른 방법으로 고용 감소 영향을 추적해볼 수도 있다. 만약 세계화가 탈산업화에 책임이 있다면, 생산된 재화의 '양'이 줄어듦에 따라 산업 부분은 축소돼야 한다. 그런데 사실은 그렇지가 않다. 예를 들어 1997~2007년, 즉 세계화가 급격히 진행될 당시 GDP에서 산업이 차지하는 부분은 일정했다. 따라서 국제무역은 탈산업화의 주원인이 아니다. 원인은 바로 생산성의 증가다.

—다니엘 코엔, 《알테르나티브 에코노미크Alternatives économiques》, 2011년 6월

이 문제를 연구했던 모든 사람들은 다음과 같은 사실을 확인했다. 물론 잘못 조절된 세계화(중국은 WTO에 가입하기 전 20개 사회협약에 서명했지만 현재까지 전혀 지키지 않고 있다. WTO와 유럽은 왜 아무 대응도 하지 않는가?)로 인해 일자리의 해외 이전 현상이 나타났지만, 실업의 최대 원인은 생산성의 증가 혹은 모든 경제 분야에서 진행되는 대규모 생산성 증가를 감안한 사회협약을 발전시키는 데 있어 우리가 무능했기 때문이다. 물론 실업 증가, 특히 2010년 이후의 실업 증가는 부족한 경제활동, 유럽 예산 적자의 급속한 감소, 상품 질에 관한 잘못된 태도, 독일의 특이한 행동[1] 등으로도 설명이 되지만, 생산성과 노동시간은 여전히 중요한 문제로 남아 있다.

2012년 미국에서 생산성 증가와 노동시간 단축에 관한 논의를 재개한 사람은 빌 클린턴 정부 당시 노동부 장관을 지낸 로버트 라이시Robert Reich다. 프랑스 대통령 선거 바로 다음날인 5월 7일, 라이시는 다음과 같이 썼다.

컴퓨터, 소프트웨어, 인터넷은 생산성 혁명의 중심에 서 있다. 이런 것들은 현대 경제가 생산하는 모든 것을 실용적으로 생산하는 데 이용된다. 이에 따라 육체노동자들이 도처에서 대체되고 있다. 공장에서는 공작기계와

디지털 로봇으로, 사무실에서는 새로운 소프트웨어로, 통신과 운송에서는 인터넷으로 대체되며, 전문가의 경우에는 고도의 기능을 갖춘 응용프로그램으로 대체되고 있다. 부유한 국가의 소비자들은 동일한 가격에 대한 비용절감 혹은 부가가치 상승 형태로 생산성 혁명을 얼마간 이용한다. 하지만 생산성 증가에서 나오는 이윤의 대부분은 주주들과 매우 능력 있는, 혹은 매우 운이 좋거나 좋은 인맥을 가진, 상대적으로 적은 수의 사람들에게 돌아간다.

노동이 줄었다는 사실은 노동자에게 나쁜 소식이 아니다. 대부분의 사람들에게 주말 혹은 휴가를 즐길 수 있다는 건 행복이다. 문제는 이런 생산성의 결과가 폭넓게 분배되지 않았다는 것이다. 우리가 체험하는 생산성 혁명은 모든 사람의 노동시간을 줄이고, 그들이 좋아하는 것을 할 수 있는 시간을 보다 많이 제공해야 하는 것이었다.

따라서 생산성 혁명의 이윤을 분배해야 한다. 많은 국민이 괜찮은 삶을 이어가는 데 충분한 돈을 벌지 못한다. 그들은 실직에 대한 두려움으로 '여가'를 전혀 즐기지 못한다. 이는 실업자들에 관한 문제가 아닌 경제 전반의 문제다. 인구의 증가분이 경제를 유지하도록 하는 구매력을 갖지 못함을 의미하기 때문이다. 미국의 소비는 경제활동의 70퍼센트를 차지한다. 만약 소비자 전체가 생산성 혁명에서 발생한 재화와 서비스를 구매할 능력이 없다면 경제는 움직이지 못한다. 곧 성장은 힘을 잃고 실업은 증가하게 된다.

이것이 '공급'을 늘리기 위한 기업과 부자에 대한 감세가 비논리적이고 비생산적인 이유다. 기업과 부자들은 돈을 엄청나게 갖고 있으므로 추가적인 감세가 필요 없다. 기업들이 생산력을 향상시키고 더 많은 사람들을 고용하는 데 투자하지 않는 이유는 추가 생산품을 흡수할 만한 확실한 시장이 없기 때문이다. 소비자가 없으면, 이에 상응하는 투자 또한 수익성이 없다.

그렇다면 어찌 해야 하는가? 역사를 통해 교훈을 얻을 수 있다. 1870~1928년 생산성의 커다란 도약이 있었는데, 당시는 제1차 산업혁명으로 거대기업이 대량생산과 철도망을 확장시킴으로써 대규모 생산품 보급이 가능했다. 하지만 이런 시기는 1929년 경제공황으로 끝났고, 소득과 부가 상류층에 집중되면서 대부분의 사람들은 빚지지 않고서는 새로운 재화와 서비스를 구매할 수 없게 됐는데, 이는 굉음과 함께 폭발하는 거품으로 이어졌다. 여기서 무언가 떠오르지 않는가? 컴퓨터, 소프트웨어 그리고 궁극적으로는 인터넷으로 인한 생산성 혁명이 새로운 경제를 탄생시키고 새로운 거대 자산을 만들어낸 1980~2007년에 벌어진 상황이 이와 비슷하다. 1928년과 2007년에 미국의 소득 집중이 이전 100년간 상위 1퍼센트의 부자에게 유리하도록 사상 최고조로 이루어진 것은 우연의 일치가 아니다.

하지만 여기엔 큰 차이가 있다. 대공황 이후 10년간 미국은 성장의 이윤이 보다 잘 분배되도록 재편됐다. 1935년 제정된 전국노동관계법$^{National\ Labor}$ $^{Relations\ Act}$은 고용주들에게 선의의 협상 임무를 부여했다. 같은 기간 동안 사회보장, 퇴직연금 수령 권리 그리고 실업보험, 건강보험, 산업재해보험 등으로 구성된 '안전망'이 구축됐다.

주 5일 40시간 노동은 노동을 공유하고 이윤을 분배하는 데 도움이 됐는데, 이는 최저임금이 제정되면서 나타난 현상과 같았다.

하지만 2008년 이후 미국은 이 같은 정책을 취하지 않았다. 오히려 정반대되는 정책을 폈다. 이것이 이후 오바마 2기 행정부가 생산성 증가의 보다 많은 부분을 분배하는 데 집착할 수밖에 없었던 이유다. 이는 많은 미국인에게 '소득의 감소 없이 노동시간을 줄이고', 이를 통해 추가 고용을 창출할 수 있게 하는 진정한 세제개혁이다.

생산성 혁명은 삶을 보나 향상시켜야 하고 더 이상 빈곤에 빠트리거나 불안정하게 만들면 안 된다. 우리가 생산성 혁명이 가져다주는 이윤을 공유하겠다는 정치적 의지를 가질 때, 생산성 혁명은 이를 실천하게 될 것이다.

—로버트 라이시, 2012년 5월 7일

사이트 '내셔널 체인지National Change'에 게재된 논단

미국의 고용과 생산

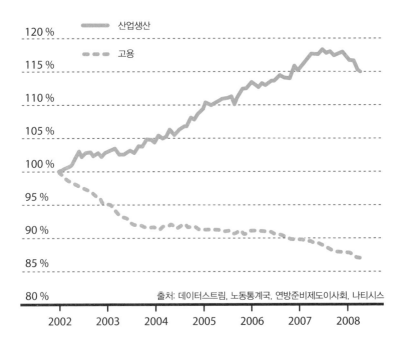

출처: 데이터스트림, 노동통계국, 연방준비제도이사회, 나티시스

그리고 로버트 라이시는 "몇몇 일자리는 임금이 매우 적지만, 이를 개의치 않는 개발도상국들로 계속 옮겨가고 있다. 이러한 일자리 이전에도 불구하고 미국 내의 산업생산은 증가 추세다. 반면 산업고용은 계속 줄어들고 있다"고 주장한다.

증가하는 생산과 감소하는 일자리의 불일치를 어떻게 설명할 것인가? 그것은 바로 생산성이다!

이중 혁명

우리는 지금 이전엔 전혀 알지 못했던 혁명을 체험하고 있는 중이다. 1820년에서 1960년까지 생산성이 2배로 증가하는 데 140년이 걸렸던 반면, 1960년 이후에는 생산성이 5배로 증가했다. 19세기의 산업혁명과 20세기 초의 연이은 일자리의 탄생은 생산성의 증가 때문인데, 이런 생산성은 40년 전부터 구현된 혁명의 관점에서 보면 매우 형편없는 것이다.

이런 상황은 결단코 겪어본 적이 없다. 이는 진정한 혁명이다. 2011년 말 스티브 잡스가 사망했을 때 많은 프랑스 지도자들은 애플이 우리 삶을 바꾸어놓았다며 그에게 경의를 표했는데, 과연 그들은 신기술이 일자리계 판도를 흔들어놓았다는 사실을 알고 있을까? 인류 역사상 이 같은 급변 상황은 결코 없었다. 로봇과 컴퓨터 기술의 발전 덕분에 인간의 노동생산성은 놀랍도록 발전했다.

이와 동시에 제2의 혁명이 실행됐다. 즉, 고등교육으로의 접근이 일반화된 것이다. 40년간 프랑스의 대학생 수는 1970년 80만 명에서 현재 230만 명으로 약 3배 증가했고, 매년 수백억 유로가 평생교육에 투입되고 있다. 이는 세계적인 현상이지만 프랑스는 생산성에 있어 세계 최고 국가 중 하나다.

생산성 3위를 차지한 프랑스

다음의 소식은 뜻밖의 반가운 일이다. 어제 발간된 국제노동사무국[ILO] 보고서에 따르면, 프랑스 노동자들은 노동시간당 생산성에서 노르웨이와 미국에 이어 3위를 차지했다.

1980~2006년 프랑스의 시간당 생산성은 2.2퍼센트 증가한 반면, 미국은 1.7퍼센트, 독일은 1.4퍼센트 증가하는 데 그쳤다.

—《르 피가로》, 2007년 9월 3일

소르본 대학의 교수 자크 마르세유는 이미, 2004년 2월 2일《르 피가로》에 실린 기사에서 '나는 흔치 않은 계산을 해보았다. 프랑스 GDP를 영국 혹은 일본의 한 노동자의 생산성으로 나누어보니, 프랑스 노동자의 생산성보다 훨씬 낮은 영국이나 일본 노동자의 생산성으로 똑같은 물건을 생산하려면 우리에겐 500만 명의 노동자들이 더 필요하다. 프랑스에서는 실업이 더 이상 문제되지 않을 것이라고 말해도 과언이 아니다'라고 설명했다.

이는 중요한 논점이다. 이는 특히 매우 높은 생산성을 보유한 '프랑스는 예외적'이지만, 주변 국가보다 극심한 실업으로 고통받는 국가들의 일반적인 실업[2]을 이해하는 데 매우 중요하다.

영국인과 일본인이 멍청한 것은 아니지만, 그들의 생산성은 프랑스보다 훨씬 낮다. 유럽연합통계청[Eurostat]에 따르면, 유럽 15개국의 시간당 생산성을 평균 100으로 볼 때 프랑스는 118이고 영국은 고작 95

1820년 이후 프랑스의 생산성

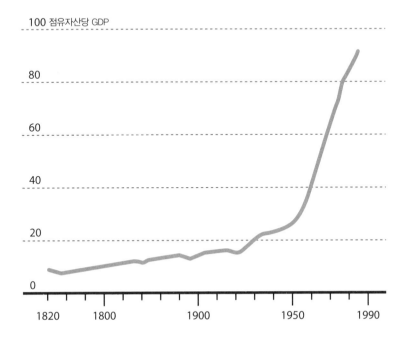

100 점유자산당 GDP

에 그친다. 프랑스와 영국의 생산성 차이는 약 20퍼센트, 프랑스의 노동시간당 GDP 또한 이탈리아보다 32퍼센트 높다.

다시 반복해보자. 만약 프랑스 임금 노동자의 생산성이 영국 혹은 일본 임금 노동자의 생산성보다 '낮다'면, 자크 마르세유가 주장했던 것처럼 '우리에겐 500만 명의 노동자들이 더 필요하다. 프랑스에서는 실업이 더 이상 문제가 되지 않을 것이라고 말해도 과언이 아니게 된다.'

미국에 대한 프랑스, 유럽, 일본의 비교 생산성

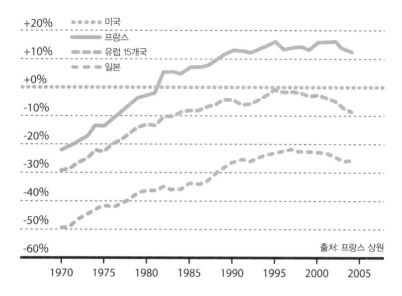

출처: 프랑스 상원

　　프랑스와 일본 간 생산성의 격차가 이 정도로 나타나는 것은 프랑스는 중요치 않은 일자리(예를 들면 지하철 개찰원)를 많이 없앤 반면, 일본은 이를 그대로 유지했기 때문이다.

1980~2006년 시간당 생산성 변화

독일	+1.4퍼센트
미국	+1.7퍼센트
프랑스	+2.2퍼센트

출처: ILO, 2007년

25년간 프랑스의 생산성은 독일과 미국보다 빠르게 증가했다. 이것이 바로 프랑스인과 프랑스 교육시스템이 보잘것없음에 대한 비판의 상대적 가치만을 인정해야 하는 부분이다. 아마도 교육시스템은 개선될 수 있겠지만(아무도 이에 대해 이의를 제기하지 않는다!), 만약 프랑스가 서방국가 중 생산성이 가장 크게 증가한 국가였다면, 그것은 학교, 전문 교육기관 그리고 대학에 모든 것을 투입하지 않아서다.

이런 생산성의 증가는 모든 직업과 연관된다. 물론 산업과도 그러하다. 생산성의 증가는 금속이나 목재를 다루는 직업과 농산물 가공업 공장에서 요구르트나 햄을 생산하는 직업뿐만 아니라, 지역 빵가게에서 빵을 만들고, 비행기를 조종하고(비행기 조종석에는 두 사람만 앉는다), 이사를 하고(건물에 놓인 전기 사다리는 이삿짐 운송업자들이 계단에서 등을 다치는 등의 사고를 방지해준다), 은행에서 수표를 처리하는(20년 전의 여성들은 은행 간의 수표 교환을 위해 아침부터 5~8시간 근무했는데, 지금은 작은 스캐너를 통해 단 몇 초 만에 이전되고 업무는 소프트웨어를 통해 이루어진다) 등의 작업에도 연관된다.

요즘은 새로운 소프트웨어에 있는 버그를 탐지하는 소프트웨어가 있어서 소프트웨어 프로그래밍이 수월해졌다. 한 전산전문가는 "이는 실로 대단한 일이다. 작업 시간이 며칠이나 줄었기 때문이다. 예전에는 이것이 상당히 피곤한 작업이었다"라고 말한다.

그렇다. "이는 대단한 일이다." 우리의 사회계약도 어쨌든 기술과 같은 속도로 발전했더라면, 이 또한 대단한 일이 될 수 있었을 것이다. 1970~2008년 프랑스에서 창출된 GDP는 2배 이상이 됐다(+150퍼센트). 하지만 같은 기간에 생산성의 증가 덕분에 필요한 총 노동시간은 430억 시간에서 400억 시간으로 줄었다.

프랑스	1970	2008	변화
GDP (달러 기준 10억 단위)	6,940억 달러	1조 7,380억 달러	+150퍼센트
연간 총 노동시간 (10억 단위)	432억 2,000만 시간	403억 7,000만 시간	−6.6퍼센트
경제활동인구 (경제활동을 하는 사람과 실업자들)	2,136만 명	2,850만 명	+33.4퍼센트

출처: OECD 통계 포털 사이트

사람들은 적은 노동력으로 많은 것을 생산한다. 아마도 이것은 다음과 같은 3가지 좋은 소식을 가져다줄 것임에 틀림없다.

첫째, 사람들은 지금까지 이와 같은 풍요로움을 전혀 알지 못했다. 당연히 생태학적 영향(이는 시급하다)과 과소비 문제를 주의해야 한다. 그렇게만 하면 이는 좋은 소식이 될 것이다.

둘째, 모든 위험하고 반복적인 작업에서 기계가 인간을 대체한다. 이는 세네카가 이미 2,000년 전에 꿈꾸던 것이다. 즉, 우리 각자가 보다 중요하고, 다양하고, 인간적으로 풍요로운 활동에 전념할 수 있도록, 우리를 대신하는 노예들을 모든 단순작업에 투입하는 것 말이다.[*]

---

[*] 세네카는 《루실리우스에게 보내는 편지》 첫 부분에 다음과 같이 썼다. '사랑하는 루실리우스, 너의 계획을 따르라. 네 자신의 일에 몰두하라. 지금까지 매료돼 있었거나 그냥 흘려보내는 시간을 거두고 절약하라. 하루의 가치를 알고, 매일 구체적으로 죽어간다는 사실을 알고 있는 사람을 내게 보여달라! 대부분 죽음을 뒤에 남겨놓았기에, 우리 앞의 죽음만 본다는 것은 잘못이다. 지나간 모든 공간은 죽음의 소유다. 그러니 친구여, 내게 요구하는 것을 계속하라. 그리고 완벽해라. 모든 시간의 주인이 되도록 하라. 시간을 미루는 →

컴퓨터, 로봇 그리고 선배에게서 지식을 전달받기 위해 교육받는 데 보냈던 수백 시간 덕분에, 우리는 세네카의 꿈, 즉 삶의 물질적인 부분에서 이전보다 훨씬 시간을 줄이는 것을 실현할 수 있을 것이다.

세 번째 좋은 소식은, 필요한 일자리는 전반적으로 줄어든 반면 그 업무를 실현하기 위한 사람들의 수는 더 많아졌다는 것이다. 이것이 모든 국가에 해당되는 것은 아니지만, 프랑스의 경우 베이비붐과 여성의 일자리 참여 덕분에 경제활동인구가 40년간 30퍼센트 이상 증가했다. 그리고 INSEE는 적어도 2050년까지는 경제활동인구가 계속 증가할 것이라고 주장한다.

필요로 하는 일자리는 줄고, 일하고자 하는 사람의 수는 늘었다고? 종이에 구분하기는 쉽다. 2016년 2월 15일 국립정치학교Sciences Po에서 있었던 토론에서 미셸 로카르는 "우리는 이미 주 28~30시간 근무해야 하는 상황에 이르렀다"고 주장했다.

그렇다! 우리가 별천지에 있을 수는 있지만, 사회계약이 저지되고 30년 전부터 풀타임 근무기간이 감소했기 때문에, 생산성 증가는 모든 사람에게 이득이 되기는커녕 상당한 실업과 불안정을 만들어냈다.

경제는 적어도 7퍼센트의 일자리를 필요로 하지만, 동시에 가용한 사람들의 수는 33퍼센트 증가했다. 따라서 일자리의 수요와 공급 사이에 40퍼센트의 격차가 생기고 말았다.

동안 인생은 흘러간다. 사랑하는 루실리우스여, 나머지 모든 것은 우리 것이 아니고 시간만이 우리의 재산이다.'

1970~2008년 프랑스의 총 일자리 요구 변화

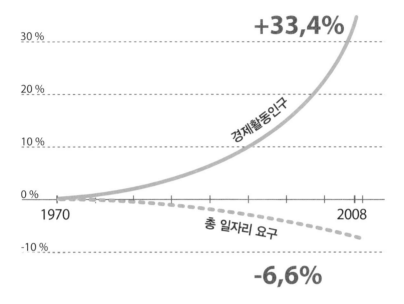

노동시간을 40퍼센트 줄였다면 실업률은 1970년도 수준에 머물렀겠지만, 위기가 변화보다는 경기침체라는 결과를 이끄는 것처럼, 이런 좋은 소식은 결국 아무 의미 없는 결과로 이어졌을 것이다. 모든 사람이 노력한 결과인 생산성 증가는 어떤 사람에게는 심각한 실업으로, 또 다른 사람에게는 임금의 동결과 스트레스의 증가로 이어지기 때문이다.

무의미

현재의 일자리 분배는 의미가 없다. 그 이유는 다음과 같다.

· 한편으로는 실업 상태에 있기 때문에 주 노동시간이 '0'인 사람들이 있다.
· 다른 한편으로는 풀타임으로, 그리고 가끔은 그 이상으로 일하는 사람들이 있다. INSEE는 우파 정부가 35시간 노동을 '해제'한 지 10년이 지난 후, 풀타임 임금 노동자의 실제적인 평균 노동시간은 다시 39시간을 넘었다고 지적한다.[3]
· 그 중간에 주 단위 혹은 연 단위 파트타임 임시직으로 힘들게 일하는 사람들이 있다.

이런 식의 일자리 분배가 의미 없는 이유는 주 노동시간이 '0'인 사람들과 마찬가지로, 풀타임으로 일하지만 더 극심한 직업 스트레스를 받거나, 해고가 두려워 형편없는 임금을 받는 사람들에게도 엄청난 고통을 안겨주기 때문이다. 이런 사실은 이미 앞에서 확인한 바다. 현재의 '일자리 분배'를 진정으로 이용하는 유일한 그룹은 유례없는 고소득을 올리고 있는 주주들뿐이다. 주주와 연구소는 진정제를 팔고 있는 셈이다.

보편적인 문제

이런저런 형태의 '일자리 분배'는 모든 국가에 존재한다. 서브프라임 모기지 사태 이전, 미국에도 평균 노동시간이 33.7시간이었던 임시

1965년 이후 미국의 노동시간

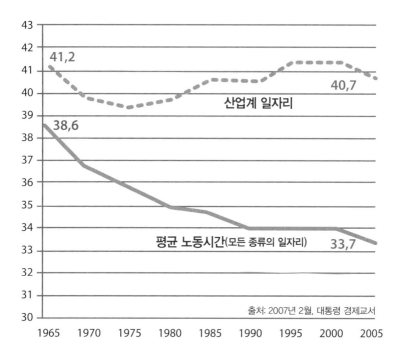

산업계 일자리

41,2

40,7

38,6

평균 노동시간(모든 종류의 일자리)

33,7

출처: 2007년 2월, 대통령 경제교서

직이 많이 있었다.[4]

　미국의 임금 노동자들이 프랑스보다 더 많이 일한다는 사실을 보여주기 위해 진보주의자들이 제시하는 수치는 실제로 25년 전부터 노동시간이 약 40시간으로 매우 안정된 산업계 일자리에 관련된 것이다. 하지만 현재 산업계 일자리는 총 일자리의 20퍼센트 이하에 불과하다.

2007년 백악관 경제교서에서 나온 옆 도표를 보면, 흥미롭게도 40년간 평균 노동시간이 38.6시간에서 33.7시간으로 차츰 줄어드는 것을 볼 수 있다. 그리고 산업계의 노동시간이 40 혹은 41시간으로 유지되는 것을 고려한 상태에서 평균 노동시간이 33.7시간이라면, 산업계 이외의 평균 노동시간은 얼마란 말인가? 바로 32시간이다!

미국에는 주 35 혹은 32시간 노동 법안이 없었다. 업종 혹은 기업의 협상도 존재하지 않았다. 생산성 혁명이 '관리됐던 것'은 바로 임시직의 증가 때문이다.

독일의 노동시간 30.05시간

마찬가지로 독일이 노동시간을 줄이지 않고도 완전고용 상태에 있다고 주장하는 모든 사람은 베를린에서 발표한 수치를 생각해볼 필요가 있다. 2010년 ILO는 독일이 주 0~10시간 근무하는 임시직을 고려하지 않은 채 통계자료를 배포했다고 비난했다. 이에 관한 질문의 답으로 노동부 장관은 독일이 완전고용의 모델국가로 자주 소개됐던 2008년 위기 이전에도 실업자를 계산에 넣지 않은 평균 노동시간은 30.3시간이었다는 새로운 통계자료를 배포했다.[5]

프랑스가 200만 개 풀타임 일자리를 창출했던 10년간 독일은 200만 개 파트타임 일자리를 만들었다. 그리고 이런 파트타임 일자리는 노동시간도 짧았다(평균 23시간인 프랑스에 비해 18시간밖에 되지 않았다).[6] 경제학자 올리비에 보일로Olivier Boylaud와 베르나르 가지에Bernard Gazier[7]는 1994~2014년 독일에서 400만 개의 일자리가 추가로 창출됐지만 노동시간은 절대 늘어나지 않았다는, 즉 1994년과 2008년 모두 총 580

억 시간으로 동일했다는 사실을 보여주었다. 일자리는 '규정에 위배되고, 임금은 많이 줄어들고, 거의 보호받지 못하거나 전혀 못 받는 등, 사회보장은 향상되지 않은 채 일자리만 대폭 증가하는 현상'(900만 개에서 1,300만 개로 증가했는데 이중 대부분은 하르츠 개혁에 의해 추진되고 창출된 것이다)을 야기한 채 분할됐다.

파트타임 일자리에 기반을 둔 실업 감소

따라서 '독일 일자리의 기적'은 노동시간 분할 증가의 기적이다. 임금 노동자들은 더 많이 일하지만 노동시간은 줄었다. 파트타임 일자리의 증가가 이런 현상을 설명하는 예로 자주 인용되면서, 2015년 1월 1일 연방 최저임금이 도입됐지만 이목을 집중시키지 못했고, 이런 제도를 따르는 사람들의 수도 감소했다. 반대로 창출된 일자리는 여전히 파트타임 일자리가 대부분을 차지한다. 2016년 1월까지 1년간 73만 1,000개의 일자리가 생겼는데, 그중 전체의 57퍼센트에 해당하는 43만 4,000개는 파트타임 일자리였다.

독일 실업의 감소는 무엇보다 파트타임 일자리에 근거한 것이다. 노동시장과 직업연구소^{IAB}에 따르면, 2005~2015년 파트타임으로 일하는 임금 노동자는 290만 명 증가한 반면, 풀타임 노동자는 100만 명이 약간 안 되는 수준의 증가를 보였다(이는 파트타임 노동자의 3분의 1에 해당한다). 총 임금 노동자 중 파트타임 노동자 비율은 34.3퍼센트에서 38.3퍼센트로 증가했다. 독일연방통계청에 따르면 현재 300만 명 이상의 임금 노동자들이 일을 더 많이 하고 싶어 한다. 독일의 파트타임 임금 노동자는 평균 19시간 일하고 있다.

—로마릭 고뎅Romaric Godin, 《라 트리뷴》, 2016년 3월 31일

	2000	2010	차이
프랑스			
풀타임	1,983만 8,000명	2,183만 4,000명	+199만 6,000명
파트타임	328만 5,000명	342만 8,000명	+14만 3,000명
독일			
풀타임	2,993만 8,000명	3,033만 명	+39만 2,000명
파트타임	638만 6,000명	840만 9,000명	+202만 3,000명

프랑스/독일의 파트타임 대책

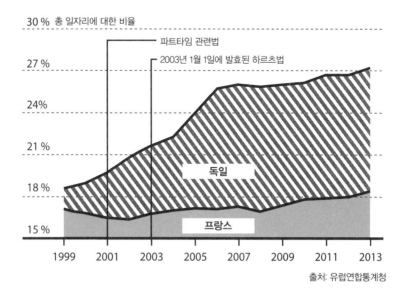

출처: 유럽연합통계청

네덜란드: 주 평균 30시간

네덜란드는 유럽에서 실업률이 가장 낮은 국가다(4퍼센트 이하). 그리고 파트타임이 가장 보편화된 국가이기도 하다. 프랑스의 파트타임 비율은 18.9퍼센트인데 반해, 네덜란드는 50.4퍼센트에 이른다. 하지만 주의할 점은 대다수의 사람, 특히 여성들은 5일 중 3일 혹은 4일 일한다는 것이다.

주 평균 30시간

네덜란드는 파트타임을 포함해 유럽에서 노동시간이 가장 적은 국가다. 1년에 1,357시간을 일하는데 이는 주당 30시간에 해당한다.

2000년 이후 법이 통과되면서 국민에게 파트타임을 요구할 수 있는 권한이 부여됐다. 이런 형태의 계약은 사실은 다른 곳에 더 나은 것으로 여겨진다. 이런 계약은 임시직 일자리에만 관계되기보다는 서열상 가장 높은 집단에까지도 적용되기 때문이다. 대학 학과장이나 기업의 금융담당자가 1주일에 하루도 일하지 않는 것을 심심치 않게 볼 수 있다.

—《르 몽드》, 2016년 2월 3일

경제활동 비율이 63퍼센트도 못 되는 미국의 평균 노동시간 33.7시간과 독일 그리고 네덜란드의 실제 30시간에 가까운 평균 노동시간⋯⋯. 이전처럼 '모든 노동자의 평균 노동시간 40시간'을 계속해서 완전고용이라고 여긴다면, 완전고용 상태에 있는 국가는 그 어디에도 존재하지 않는다.

다음을 주의하도록 하자. 어차피 세계 모든 국가에는 이미 어떤 형태로든 '일자리 분배'가 존재하지만, 이런 분배는 야만적 분배, 즉 불안정성이 높고 심각한 소득 불평등이 발생하는 시장에 의해 결정되는 분배가 그 주를 이룬다. 생산성 증가는 모든 사람에게 득이 되기는커녕 끔찍한 불평등을 초래한다.

계속되는 변화

물론 어떤 사람들은 2007년까지는 생산성이 많이 증가했다고 말할 것이다. 하지만 그것은 여전히 사실인가? 앞으로도 생산성 증가는 계속될 것인가? 보다 나은 일자리 분배에 관한 토론과 협상을 재개하기를 거부하는 사람들의 '단골' 논거가 등장한 것은 2009년 이후다. 안타깝게도 그들은 OECD의 연구가 각기 생산성이 다른 모든 서방 국가와 마찬가지로 프랑스에서도 계속 증가한다는 사실을 보여준다고 생각한다.

2008~2009년 위기 당시, 기업들이 경제활동인구 감소에 따른 기업의 정원수를 정확히 파악하지 못해, 해고했어야 할 수보다 적게 해고하는 바람에 생산성은 몇몇 분야에서 약간 더디게 증가하거나 감소했지만,* 이런 약간의 그리고 단기간의 생산성 감소는 40년 전부터 축적된 문제들을 전혀 바꾸지 못한다. 그리고 이런 변화는 곧 멈출 것이

---

* 이는 사실이다. 특히 해고를 피하기 위해 소득의 핵심을 유지하면서 노동시간을 대폭 줄였던 독일에서 그렇다. 2008~2009년 150만 명 이상의 임금 노동자들의 평균 노동시간은 31퍼센트 줄었고 정부는 95 혹은 98퍼센트의 소득을 유지했다. 이런 부분 실업 시스템은 슈뢰더 집권 기간 당시의 임시직과는 매우 다르다. 정원을 대폭 줄이는 대신 노동시간을 대폭 줄이고 임금을 98퍼센트로 유지하는 이 탄력적 모델은 프랑스가 본받아야 할 부분이다. 독일은 이 모델을 통해 수십만의 실업자를 구제할 수 있었지만, 통계학적인 면에서 보면 생산성을 확실히 줄였다. 정말로 이것이 문제인가?

2000~2014년 프랑스와 OECD 국가의 노동시간당 GDP

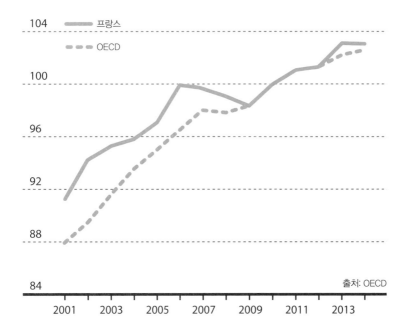

출처: OECD

라고 믿을 사람이 누가 있겠는가?

로봇, 인공지능, 3D 프린터는 2020년까지 500만 개의 일자리를 사라지게 할 수 있다

매년 다보스에서 열리는 세계경제포럼WEF에 따르면 지금부터 2020년까지 500만 개의 일자리가, 특히 자동화로 인해 사라지게 된다. 〈일자리의 미래〉라는 연구논문에서 세계경제포럼은 '인공지능, 로봇공학, 나노기술, 3D 프린터, 유전학 그리고 생명공학'을 포함하는 제4차 산업혁명은 5년 안에 710만 개의 일자리를 사라지게 하는 반면, 210만 개의 일자리만을 창출할 것이라고 추정한다.

세계경제포럼 창시자인 클라우스 슈밥*Klaus Schwab*은 "이런 변화에 대처하기 위해 하루빨리 행동을 취하지 않는다면, 각국의 정부들은 실업과 불평등이 계속 증가하는 상황과 맞닥뜨리게 될 것이다"라고 주장했다.

—《허핑턴 포스트*Huffington Post*》, 2016년 1월 18일

일자리 700만 개가 사라지고 200만 개가 창출된다. 이것이 바로 노동시간은 중요한 문제가 아니라고 주장하는 사람들이 곰곰이 생각해야 할 부분이다.

슘페터주의자들은 "자본주의는 파괴와 창조가 계속되는 과정이다. 어떤 직업은 사라지지만 동시에 다른 직업이 생겨난다. 이를 왜 걱정하는가? 왜 기술 발전을 반대하나? 석기시대로 돌아가고 싶다는 말인가?"라고 말한다.

이것은 기술 발전에 관한 문제가 아니다. 이는 단지 현실을 직시하는 것에 관한 문제다. 기술 발전의 힘만으론 인류의 행복을 가져다주지 못한다. 우리가 사회적 발전까지 생각하는 방편을 마련하지 못하면, 기술 발전은 경우에 따라서는 공동의 이익에 반할 수 있다.

매우 다행스럽게도, 2008년 이후 금융시장이 자기조절능력을 갖추고 있다고 공개적으로 주장할 수 있는 경제학자들은 극소수다. 금융위기는 이런 경제학자들의 모든 논증을 파괴해버렸다. 하지만 안타깝게도 노동시장에는 자기조절능력이 있다고, 즉 '파괴=창조'라는 마법을 통해 시장은 한곳에서 일자리를 창출하는 만큼 다른 곳에서는 사라지게 한다고 주장하는 경제학자들은 여전히 많다.

놀라운 일이다. 하지만 유럽에서 3,000만 명, 세계적으로는 2억 명

의 실업자가 일자리가 없어 고통받는 상황에서 이런 터무니없는 이야기를 믿기는 힘들다.

우리는 필리프 아기옹^{Phillippe Aghion}처럼 계속 이런 논리를 부각시키고, 노동시간을 조절할 필요가 없다고 주장하는 이들에게 동의하지 않는다. 교육을 개선하자는, 그리고 자격 미달인 사람들의 최저임금을 낮추자는 그들의 말을 듣는 것만으로 충분하다. 그들은 우리가 발전에 반대하고 석기시대로 돌아가길 원한다면서 우리를 비난한다. 하지만 노동시간 단축 협상이 왜 석기시대로 돌아가는 것이 된단 말인가? 오히려 이는 매우 강력한 역사적 변화다.

사르코지와 우파 혹은 좌파 진보주의자들에게는 실례가 되겠지만, 역사의 흐름은 (보다 많이 벌기 위해) 보다 많이 일하는 것이 아니라 적은 시간이지만 능숙하게 일하는 것이다. 훨씬 적은 시간 말이다! 싫든 좋든, 좌파든 우파든, 프랑스인이든 벨기에인이든 독일인이든 상관없이, 우리는 100년 전의 조상들보다 절반의 시간만 일한다. 노동일수는 7일에서 6일로, 다시 6일에서 5일로 줄었다. 아동 노동은 금지됐다. 하루 노동시간을 줄였고 모두에게 유급휴가가 주어졌다. 조상들보다 2분의 1 혹은 2.5분의 1만을 일하면서도 삶의 수준은 매우 높아졌다. 노동시간은 문제가 못 된다고 말하는 모든 사람들은 이런 역사적 사실에 이의를 제기할 수 있는가?

하지만 일자리의 모든 파괴적 혁신을 당연한 것으로 받아들이게 만드는, 믿음이 두터운 원근법주의를 조심하자. 앞으로 몇 년 안에 무슨 일이 벌어질지 모른다. 특히 다보스 포럼의 연구논문이나 전 세계를 돌면서 앞으로 10년 혹은 20년 안에 일자리의 절반이 사라질 위험을 설명했던 옥스퍼드 대학의 두 연구자의 논문과는 반대로, 우리는 자유의지와 능력을 다시 표명해야 한다. 우리는 일자리를 없애거나 작업환경을 향상시킴으로써, 인간의 노동을 수월하게 하거나(인간과 함께 항상 일할 수 있도록 고안된 협업 기계의 발전) 작업을 전면 자동화하는 등 다양한 방법으로 기술 발전을 이용할 수 있다.

또한 첫 번째 생각을 기술혁명이 아니라(여기엔 너무 많은 양의 희귀자원이 지속적으로 필요하다) 생태학적 적응에 두어야 한다. 이것이 당면과제가 되어야 한다. 그리고 새로운 발전 모델은 생산성 증가의 억제와 함께 해야 한다.

기후문제를 해결하려면 에너지에 제대로 된 가격을 매겨야 한다. 에너지 가격이 너무 저렴해, 너무 쉽게 인간을 기계로 대체할 수 있었기 때문이다. 또한 지속적인 농업 모델로 향하길 원한다면, 많은 소들로 운영되는 공장들을 처분하고 화학 생산 요소를 덜 사용하고 인간 노동력을 많이 사용하는 덜 집약적인 농업에 특혜를 주어야 한다. 이렇게 되면 농업분야의 생산성은 감소하게 된다.

이 모든 것은 사실이며, 수직으로 상승하는 생산성을 제어할 수 있을 것이다. 하지만 40년 전부터 축적된 엄청난 불균형과 발전 모델을 신속하게 바꾸지 못할 경우, 우리 앞에 놓일 위험 또한 어쩌지 못할 것이다.

4장

위기 탈출:
어떤 시나리오도 적절하지 않다

위기 탈출에 관한 3가지 시나리오가 현재 전면에 드러나면서 경제학자와 정치인들의 호평을 얻기 위해 서로 다투고 있다. 이 3가지 시나리오는 기술혁명, 노동법 철폐 그리고 확실한 일자리 증가다.

│ 임금 노동자의 탈출구: 기술혁명

몇 년 전부터 자동화가 인류를 새로운 시대로 이끌 것이라는 말들이 공공연히 있어왔다. 2012년 MIT에서 《기계와의 경쟁: 진화하는 기술, 사라지는 일자리, 인간의 미래》라는 제목으로 출간된 책에서 에릭 브린욜프슨Erik Brynjolfsson과 앤드류 맥아피Andrew McAfee는, 바야흐로 제레미 리프킨Jeremy Rifkin이 《노동의 종말》에서 발전시킨 견해에 필요한 모든 신임을 부여할 때라고 썼다. 그들에 따르면 실제로 컴퓨터는 앞으로 지금껏 인간만이 할 수 있던 일을 부여받게 되고, 따라서 우리는 '거대한 재편성'의 시대에 들어설 것이다. 이런 기술혁명은 위험과 희망을 동시에 품고 있다.

'위험적인' 측면은 수많은 일자리의 실종과 사회의 양극화, 사라질 위기에 처한 중산층의 일자리다. 2013년에 출간된 《직업의 미래: 수많은 직업이 컴퓨터로 대체된다》에서 칼 베네딕트 프레이Carl Benedickt Frey와 마이클 오즈번Michael A. Osborne은 지능을 갖춘 기계로 대체될 가능성을 평가하기 위해 702개 직업을 검토했다. 그들의 조사에 따르면 교육과 건강 같은 몇몇 분야는 자동화될 가능성이 거의 없지만, 판매직, 행정직과 농업직 혹은 운송직의 경우는 사정이 다르다. 그들은 미국의 경우 '경제활동 중인 사람의 47퍼센트가 실직할 가능성이 높은 분야에 속해 있고, 그들의 일자리는 앞으로 10~20년 안에 로봇 혹은 지능을 갖춘 기계로 대체될 수 있다'고 추정한다.

'희망적인' 측면을 보면, 1990년대 말 '새로운 경제'처럼 세계경제를 다시 정점에 올려놓을 수 있을 만큼 거의 무한하게 성장할 수 있다는 점이다. 세계적인 경제학자들이 서명한 저서 《장기 침체Secular Stagnation》[1]는 이런 기술들이 그 어느 때보다 생산성을 향상시킴에 따라 집단적 부를 증가시킴으로써 가치가 매우 높아진 이유와, 동시에 이런 경향이 생산성 측정에 사용되는 전통적인 지표에는 여전히 나타나 있지 않은 이유를 설명한다. 따라서 설사 이런 과정이 큰 충격을 가져온다 할지라도 이에 반대해서는 안 되고, 반대로 기술이 요구하는 철저한 혁신에 몰두해야 하며, 특히 '인간자본'에 대한 대대적인 투자에 동의해야 한다.

하지만 이런 혁명으로 비롯된 희망은 여기서 멈추지 않는다. 수치적 예상보다는 대규모 그룹의 고문, 경영자 혹은 지도자들의 증언과 조사에 근거한 또 다른 미래 예측 연구는 이런 혁명들의 결과, 특히 노동 성격에 관한 디지털 기술 발전의 결과를 제시한다.[2] 이 자료에 따르면 노동은 여전히 보다 협업적인 형태를 요구한다. 크라우드소싱crowdsourcing*은 공동제작에 중요한 자리를 제공함으로써, 가장 널리 쓰이는 노동 형태 중 하나로 자리 잡아가는 중이다. 공동제작은 더 이상 계층화된 거대조직이 아닌 플랫폼(서비스를 가능하게 하는 일종의 토대) 내에서 이루어질 것이다.

　이런 분석에 따르면, 이전에 노동의 특징을 규정하는 장소와 시간 단위는 사라지는 중이다. 이 단위는 이제 더 이상 일정한 시간과 장소에 국한되지 않을 것이다. 노동과 비노동, 그리고 회사생활과 개인생활 사이에 더 이상 차이가 없을 것이다. 노동은 하루 24시간 내내 계속될 것이고 경력은 각자가 관리해야 할 일자리의 연속이 될 것이다. 계급제도와 임금제는 이제 끝날 것이다. 각자가 자기 자신의 고용주가 되고, 기업을 소유할 수 있기 때문이다.

　이런 견해는 일자리의 폐기와 동시에 임금제(이는 우리가 100년도 더 넘게 구축한 노동과 보호제도의 특별한 조합이다)의 소멸로 인식되는 매우 만족스러운 미래의 시각을 제시한다. 임금제는 엄격함의 극치로 보인다. 즉 자율성으로 규정되는 (자율적인) 창업가 정신이라는 훌륭한 세계와는 정반대되는 계급제도에 의해 규정된 무겁고 힘든 노동조직 형태인 것이다. 이처럼 임금제의 탈피는 자유가 강조되는 새로운 일자리 시대에 상응한다. 그리고 일자리의 결정적 교체에 상응하는 이런 완전히 새로운 시대는 노동 규제 메커니즘의 전적인 변화를 요구한다.

———

* 　이 말의 순수 의미는 '대중에 의한 공급'이다. 즉, 노동이 네트워크를 통해 협력적으로 이루어지고 그것을 통해 제품을 공동 생산하는 것을 의미한다.

바로 이것이 많은 보고서들이 주장하는 바다(이 중 가장 최근의 것은 디지털화의 효과에 관심을 갖고 있는 브뤼노 메틀링Bruno Mettling의 보고서다[3]). 이들의 주장은 다음과 같다. 즉, 디지털 방식으로 만들어진 일자리의 실행을 바꾸려면 현재 시행 중인 규정들을 바꾸어야 한다. 노동시간과 같이 현재 활용하는 전통적인 측정도구들은 실제로 더 이상 적용되지 않을 것이다. 브뤼노 메틀링은 '대부분의 선진국의 경우 새로운 형태의 일자리에 관한 디지털 경제발전의 결과 중에서 주목할 것은 독립 노동자들로 운영되는(이렇게 함으로써 국가 규정 그리고 합의에 의해 임금노동에 적용된 규정을 피할 수 있다) 기업들에 의지하는 경우가 증가한다는 점이다. 미국 노동부의 임금과 노동시간Wage and Hour 부서는 지난 몇 년간 독립 노동자와 임금 노동자 그리고 노동법의 회색지대grey zone를 이용해 몇몇 기업이 저지르는 악행을 제대로 구분하지 못하는 경우가 증가하는 것을 걱정하고 있다는 사실을 내비쳤다'고 썼다.

이 보고서는 '총 근무일수의 안정화', 즉 디지털 노동자에게 계약기간을 연장해주는 것을 해결책으로 제시한다. 총 근무일수에서의 노동시간 공제는 항상 보다 많은 임금 노동자들에게 최대 노동시간(일당과 주당)을 고정하는 것을 면하게 해주는데, 창업가 정신에서 이미 확인했던 것처럼 이는 건강보험을 적용받는 데 절대적으로 필요하고, 이에 따라 자기경영에 관한 모든 권한을 부여할 수 있다는 사실을 기억하자. 하지만 디지털 일자리 실행 조건이 어떤 점에서, 그리고 왜 노동시간의 전통적인 규정과 임금노동 부분에 있어 계약의 부분 수정을 필요로 하는지 우리는 전혀 모른다. 또한 (급여를 주는 회사 혹은 다른 회사에서, 또는 집에서 경제활동을 하는) 디지털 환경에서의 임금 노동자들은 왜 다른 사람들처럼 최대 노동시간을 준수하고, 규칙적인 휴식시간을 갖고,

노동시간과 노동 이외의 시간을 구분할 권리를 계속 유지할 수 없는지(이 모든 것은 노동자가 건강보험을 적용받을 수 있는 요소다) 역시 전혀 알 수 없다. 정말이지 처음부터 임금제의 확장이 '노동자'의 건강과 안전을 중시하는 노동시간 규정의 발전과 더불어 이루어졌다면, 사람들은 자영업자, 프리랜서, 업무대행업자 등의 임금제 외의 방식이나 고정가격 계약 같은 임금제 내의 형태 같은 모든 새로운 근무방식을 두고, 이것이 혹시 노동시간 제한을 회피하려는 목적에서 나온 것은 아닌지, 그래서 자칫 노동자들의 건강을 악화시킬 위험이 있을지 모른다고 우려했을 것이기 때문이다.

노동법 철폐

따라서 기술혁명 시나리오에는 일반적으로 기업의 생산성 경쟁에 방해되는 노동법의 완전한 재검토가 동반된다. 이는 장-드니 콩브렉셀과 바댕테르 위원회의 보고서에 따라 2016년 초 노동부 장관 미리암 엘 콤리가 제안한 법 초안이 제출되면서 극에 달했던, 여전히 '노동시장의 구조적 개혁'이라고 불리는 노동법 철폐의 이론적인 시나리오를 견고하게 한다.

1990년대 초 OECD의 권고로 이런 방식이 보다 직접적으로 지지받으면서, 노동의 미래는 어쩔 수 없이 모든 일자리에 관한 족쇄, 특히 최저임금과 노동계약 파기를 둘러싼 규정들을 철폐한다. 2000년대 초 OECD 자체가 실업률과 일자리 보호는 서로 무관하다는 사실을 인식했음에도 불구하고, '주류' 경제학자들은 많은 유럽 국가에서 '노동시장'이라고 잘못 명명된 개혁을 추진하는 데 성공했다(노동은 상품이 아니므로 이는 잘못 명명된 것이다). 2003년 노동계약 파기에 관한 규정들을 비난하는 일자리 보호에 관한 프랑스의 블랑샤르-트리올Blanchard-Triole 보고서는, '기업들은 해고에 따른 직접 비용뿐만 아니라 실행 중인 규정들의 복잡함과 모호성에 대해서도 불평한다. 그들에 따르면 현행 제도는 현대 경제를 특징짓는 기술변화와 급격한 수요변화에 기업이 적응하는 것을 가로막고 있다. 이런 효율성의 상실과 그에 따른 추가 비용은 일자리 창출을 저해한다고 말한다'는 점을 지적한다. 이 두 저자는 보고서에서 두 가지 사항을 권고한다. 즉, 행정 절차를 간소화하고, 해고 절차에서 법적 소송의 역할을 축소하는 것이다. 판사들이 기업 경영을 판단해선 안 되는 것은, 그들은 경영 능력도 없고 경영에 필요한 정보도 갖고 있지 않기 때문이다.

사르코지 집권 당시 경제재무부 장관의 명령으로 2004년 출간된 카윅-크라마르츠Cahuc-Kramarz 보고서는 두 가지 대규모 조치, 즉 CDD 와 CDI를 동시에 대신하고, 그렇게 함으로써 '노동시장의 분할'을 끝내는 해고 과세와 단일 계약을 제안하기 위한 동일한 전제에서 출발했다. 이렇게 하여 덴마크에서 실행 중이던 '유동적 사회보장' 원칙을 바탕으로 2005년 프랑스에서는 새로운 노동계약, 즉 새로운 고용계약이 탄생했다. 이는 최대 20명의 풀타임 임금 노동자들을 고용하고 있고, 2년의 '강화기간'(이 기간 동안 계약은 타당한 이유 없이 파기될 수 있는 유동성을 갖는다)을 갖는 민간 분야 고용주들의 CDI와 관련된다. 강화기간이 파기되는 경우 임금 노동자는 고용주에게서 (세금 및 기타 지출을 계산하기 전의) 급여 총액의 8퍼센트에 해당하는 보상금을 받았다. 임금 노동자는 일자리 공공서비스를 통해 강화된 지원을 받을 수 있었다.

따라서 2016년 2월, 노동시장의 전면적인 구조 개혁 전망이 담긴,

올리비에 블랑샤르, 피에르 카윅, 스테판 카르시요^{Stéphane Carcillo} 같은
경제학자들이 특히 지지하는 노동부 장관이 발의한 법 초안이 발표됐
다. 이들은 또한 다른 동료와 함께한 《르 몽드》 논단[4]에 자신들이 선
호하는 구조인 노동시장 분할을 기원하는 글을 게재하기도 했다. CDI
상태의 임금 노동자들의 해고를 용이하게 하는 것만이 그들이 유일하
게 대처할 문제였다. 총 일자리에서 특정기간 계약 비율이 20년 전부
터 증가하지 않았다는 사실과(총 일자리의 8~9퍼센트), CDD에 속해 있는
이들의 고용에 유리하게 작용할 CDI의 파기가 여전히 완화되지 않은
상태라는 사실은 무시한 채 말이다. 이는 관례적인 CDD의 과도한 확
대(이는 문화, 교육, 상업, 숙박 및 요식업 분야에서 매우 유행하고 있다)[5], 혹은 여기에
속한 노동자들의 능력 부족 때문이다.

일자리 보호규정 철폐와 연관된 위험을 증명할 필요가 있다면, 새
로운 일자리 계약과 함께 완벽한 위험성의 예를 제시해야 한다. 실제
로 이런 조치는 일자리 창출에 별 도움이 되지 못했을 뿐만 아니라,
매우 미약한 조치로 인해(그나마도 이런 조치조차 없었더라면, 신고용계약법에 의
해 고용된 20만 명 중 10분의 1에 해당하는 2만 명은 처음 2년간 직업을 구하지 못했을 것이
다[*]) 신고용계약법^{CNE}은 특히 임금 노동자들을 강하게 압박하고 노동
관계를 매우 강화하는 결과를 초래했다.[6]

이처럼 CNE를 등에 업은 고용주에게 인정된 '절대권력'은 임금
을 지불하지 않은 채 추가시간을 요구하고, 계약 당시 예측하지 못했

---

* 고용주 10명 중 1명은 이런 조치가 없었다면 사람들을 고용하지 않았을 것이라고 말했다.
게다가 CNE에서의 파기 비율은 매우 증가했다. 임금 노동자 3명 중 2명이 고용주의 의
도대로 해고됐는데, 특히 CNE에 해당되는 상태에서 해고된 노동자는 불특정기간 계약
상태에서 해고된 노동자의 수보다 2배가 많았다.

던 여러 작업을 강요하며, 임금을 제때 지불하지 않는 것뿐만 아니라, 2년간 지속적으로 강도 높은 작업을 요구할 수 있게 했다(일하기 싫으면 해고당할 수밖에 없다). 이처럼 수많은 노동관계 추락 사례가 증명됐는데, 이는 동시에 해고자 수의 증가도 설명해준다. 그토록 찬양했던 유연성과 안전성 사이의 균형은 결국 환상으로 드러났다. 노동관계 단절을 보다 쉽게 만들어준 대가로 임금 노동자에게 주어진 보장은 실행되지 않았다. 8퍼센트의 특별수당은 지속적으로 지불되지 않았고, 국립고용청^{ANPE}의 특별지원은 실행조차 되지 않았다.

노동보호제도의 붕괴는 결국 노동관계의 강화와 노동환경의 악화로 이어졌다. 유럽에서의 노동보호제도 축소 경쟁은, 19세기와 20세기가 이해하고 조성한 모든 것의 원인이었던 일종의 침체 속에, 임금노동자의 건강과 기능은 물론 생산품의 품질에도 치명적인 위험과 유럽연합을 엄청난 디플레이션으로 이끌 위험마저 내포한다(그럼에도 2000년 유럽연합은 10년 내 세계에서 가장 경쟁력 있고 가장 역동적인 지역이 되길 원했다).

노동시간 규제 완화와 파트타임 근무 장려

엘 콤리 법안은 고용, 노동계약의 파기, 임금뿐만 아니라 노동시간까지 규정하고 있다. 현재 노동시간에 관한 1993년 유럽연합지침서 개정(이미 2003년에 개정됨) 계획을 둘러싼 대립이 암암리에 존재하는데, 이 지침서는 현재 주 노동시간을 48시간으로 제한하고 노동자에게 일차와 주차를 요구할 권한을 주고 있다. 유럽연합 회원국들은 이런 개정 개획에 동의하지 않는다. 몇몇 국가는 현상 유지 및 노동자 보호제도의 개선*을 옹호하고, 다른 회원국들은 지침서에 규정된 몇몇 제한 사항들이 철폐되기를 바란다.

2008년 유럽조합연맹ᶜᴱˢ은 고용, 사회정책, 건강 그리고 소비자 보호와 관련된 문제들을 불안하고 유해한 것으로 분류하면서, 이런 것들은 노동자와 가족의 권리와 이익을 존중하지 않기 때문에 2008년 6월 EPSCO 위원회**의 제안을 반대했다는 점을 상기시켰다. 이는 다음과 같은 점에 관계된다.

· 노동자에게 주당 최대 노동시간을 적용하지 않음으로써 고용주에게 유리하게 작용하는 포기 조항의 유지(옵트아웃)
· 노동자가 작업장에 있을지라도 '생산 활동을 하지 않는' 감시시간(노동자가 의무적으로 생산 활동에 참여하지 않은 채 계속 고용주의 명령에 따르는 시간) 부분을 노동시간에서 배제
· 4~12개월 주당 최대 평균 노동시간(48시간)을 계산하기 위해 보호조항 없이 보증기간 확대

유럽조합연맹에 따르면, 실행 중인 법 개선과는 거리가 먼 이런 제안은 '노동자 보호제도를 훼손하고 조합이 조합원의 이름으로 협상할 수 있는 능력을 약화시킴으로써 몇 걸음 뒤로 후퇴했다. 만약 최종 입법 형태로 가결되면, 조합은 일면 실질적인 내용이 없는 노동시간에

---

* 예를 들면 관리를 받지 않고 자체 운영하는 방식인 옵트아웃의 폐지를 들 수 있다. 노동자가 개인적으로 자유의사에 따라 동의할 경우, 회원국들은 고용주의 동의하에 주당 노동시간 한계를 채택하지 않을 수 있다.
** 유럽연합 10개 위원회 조직 중 하나인 EPSCO 위원회는 고용, 사회보장, 소비자 보호제도, 건강 담당 장관들로 구성되며 기회균등주의를 지향한다.

관한 지침서를 개선하고, 유럽법의 사회정책 분야에서의 첫 번째 퇴보를 지적할 것이다'라는 사실을 표현했다. 실제로 기본 권리장전은 모든 노동자에게 최대 노동시간의 제한과 장시간 불규칙적인 노동 시 건강과 안전을 도모할 권리를 보장하고 있다.

2015년 유럽위원회는 위원회가 착수하려는 개정이 가져올 기본적 결과를 조사했다. 지침서의 장점과 단점, 감시시간과 강제시간의 급여, 보상휴가, 조회기간, 옵트아웃, 독립 노동자들과 디지털 경제 도래에 따른 변화 등에 관한 20여 개의 질문이 제시됐다. 디지털 경제에 관한 질문은 다음과 같이 작성됐다. '지침서는 정보 · 통신 기술이 오늘날처럼 발달하지 않고, 현재와 같은 일자리가 드물었던 20년 전에 만들어졌다. 일자리 방식과 편성의 변화를 고려하면, 노동시간에 관한 지침서는 재택근무, 이른바 제로 아워$^{zero\ hour}$ 계약, 유연근무제, 노동시간에 관한 조건 없이 성과를 중시한 계약 같은 특별한 계약 상황과 형식을 규제하는 특별 규정들을 도입해야 하지 않는가?' 제출된 답변 중 그 어떤 것도 지침서가 기획한 보호제도 강화를 고려하지 않은 것은 꽤나 흥미롭다. 어떤 항목은 '현재 규정들로 충분하며, 바꿀 필요가 없다'는 답변이 예상됐지만, 다음에 이어진 4개 항목은 수정돼야 한다('일자리의 변화를 고려했을 때' '제로 아워 계약을 고려했을 때')는 답을 기대했던 것이다.

답변자들은 지침서를 바꾸어선 안 된다는 것뿐만 아니라, 노동자에 대한 최고 보호제도라는 의미에서 지침서는 개선돼야 함을 분명히 지적한 법학자이자 노동시간 문제 전문가인 미셸 미네$^{Michel\ Miné}$ 교수가 제시한[7] 매우 정교한 답변을 하고 있다. 그는 특히 노동자 각자는 유럽연합이 보장해야 할 인간의 권리이자, 건강을 유지하는 데 필요한 최소휴가와 최대 노동시간의 한계가 정해져 있는 일자리에서 건강보호제도의 혜택을 누려야 함을 상기시킨다. 그는 현재 지침서는 몇몇 국가가 경쟁에서 혜택을 얻기 위해 노동규범 약화를 저지함으로써, 모든 단일 시장에서 노동환경에 관한 공정한 게임규칙을 보장한다고 주장한다. 지침서는 특히 노동자가 건강을 유지함으로써 생산성을 높이고 가정과 직장생활을 조화롭게 할 수 있게 한다는 주장이다. 그는 "호루라기 노동(고용주의 필요에 따라 일시적으로 실행되는 노동)은 지침서에 반하는 것이며 건강, 일과 가정의 조화 그리고 인간의 존엄성을 훼손시킨다"라고 말한다.

신뢰할 만한 기관이 작성한 규범적 원문에 최대 노동시간과 휴가 의무를 규정하고, 다른 한편으로 풀타임 근무 규범을 줄이는 것은 특히 노동자의 건강을 보호하고 직장과 가정생활을 조화롭게 하는 데 적합한 방법으로 보인다. 다른 2가지 방법이 지난 20년간 충분히 동원 됐지만, 이 방법들은 앞의 계획을 늦추거나 방해만 해왔다. 중요한 것은 노동시간에 관한 문제를 가장 분권화된 수준(경제활동을 가장 강요할 뿐만 아니라, 조합이 제대로 구성되지 않고 힘을 갖지 못한 기업 혹은 기관 수준)에서 협상을 시도하고, 또한 프랑스경제인연합회 Medef가 분명히 바라는 것처럼, 법적 노동시간에 관한 모든 기준을 폐지하는 것이다. 한편 노동시간은 집단적으로 단축하기보다는 개인적으로 단축하는 것(파트타임 노동)이 중요한데, 이는 임금 노동자뿐만 아니라 고용주에게도 훨씬 더 유연한 방법으로 여겨진다.

일자리 증가를 위해 파트타임 일자리를 촉진하는 것은 1990년대 초 프랑스가 선택한 방식이다. 1992년 8월, 고용주 부담 사회분담금 30퍼센트 감축안이 제정됐다. 여기서 면제된 부분은 한편으로는 파트타임 노동자들을 고용하는 데 쓰였고, 다른 한편으로는 파트타임을 풀타임으로 전환하는 데 쓰였다. 이처럼 1992년에서 2002년까지 50만 개 기업들이 총 35억 유로의 비용을 들여 약 200만 개 계약에 서명했다. 이런 조치의 영향으로 프랑스에서 파트타임 일자리는 명백히 늘어났다. 1991년 12퍼센트였던 파트타임 노동자 비율은 1998년에는 18퍼센트로 증가했다.

하지만 파트타임 일자리가 가끔 몇몇 사람들, 특히 아이를 돌보느라 예를 들어 수요일은 일할 수 없는 어머니들을 위해 어떤 '선택'(하지만 주로 강요된)을 계속한다 하더라도, 파트타임 일자리의 확장에는 매우 심각한 어려움이 존재한다. 우선 이는 단기적이고 보수가 좋지 않은 일자리를 받아들일 수밖에 없는, 따라서 노동자의 보수를 공동체가 보충할 수밖에 없는(예를 들어 경제활동 보조금 같은 지원으로) 임금 노동자들의 이익에 거의 부합하지 않는 노동자 관리 형태를 감내하거나 이를 야기할 수 있다. 게다가 1992년 고용침체 이후, 고용침체와 가장 관련된 일자리는 임금이 거의 인상되지 않고 노동환경이 열악한 숙박업, 상업, 요식업 분야의 일자리였다.

하지만 보다 일반적으로 말해서 파트타임 일자리는 주로 여성의 특권이라는 사실을 인식하는 것이 중요한데(85퍼센트 이상을 여성이 차지한다), 이는 '아이들을 돌보는 것은 여성의 일'이라는 생각뿐만 아니라, 현실에서 남녀 간의 중재 시 더 희생할 수 있다고 쉽게 단정함으로써 여성의 임금은 보다 적을 수밖에 없다는 생각에 그 뿌리를 두고 있다. 오늘날 30퍼센트 이상의 여성이 관여된, 스스로 혹은 어쩔 수 없이 선택한 파트타임 일자리는 결정적으로 남녀 간 직업 불평등의 악순환에 기여한다. 파트타임 일자리에서 일을 적게 함으로써 임금을 덜 받을 뿐만 아니라, 책임 있는 부서로 옮겨갈(주로 풀타임 일자리로 전환하는 것을 의미한다) 가능성도 적은 여성들은 특정 부서에 처박혀 퇴직연금도 더 적게 받는다.

따라서 프랑스뿐만 아니라 독일, 기타 많은 국가에서 가정과 직장생활의 양립을 개선하기 위해 우선 해결책으로 파트타임 일자리를 늘리자는 입장은, 가정생활은 기본적으로 여성의 책임이며 여성의 경력을 희생시킨다는 사실을 받아들이는 것을 의미한다. 그렇기 때문에 남녀 모두에 대한 풀타임 일자리 규범을 작성하는 것은 노동시장에서 여성의 상황을 개선하는 데 훨씬 더 유리한 방법이다. 앞으로 보게되겠지만, 오브리Aubry 법은 파트타임 일자리의 '불안정화의 탈출'이라 할 파트타임의 안정화를 수반하고 있다. 약 35시간 근무함으로써보다 많은 여성이 풀타임 근무로 돌아섰고, 이 새로운 규범 덕에 보다많은 남녀가 직업 활동과 부모로서의 활동을 병행할 수 있었다.

독일의 경우는 사정이 다르다. 독일의 경우 전체 노동시간이 프랑스보다 적고(유로스탯에 따르면 독일의 평균 노동시간은 35.3시간인데 비해 프랑스는 37.5시간이다), 대부분의 남성이 풀타임 근무를 하고(이 때문에 몇몇 사람들은 독일의 노동시간이 프랑스보다 길다고 주장한다), 매우 많은 여성들이 매우 짧은 시간의 파트타임 근무를 하고 있다. 독일의 파트타임 일자리가 전체 일자리의 27퍼센트를 차지하고(프랑스의 경우는 18퍼센트) 노동시간이보다 짧은 상황은(현재 독일 노동자들의 18퍼센트는 주당 20시간 이하를 근무하는데비해, 프랑스는 8퍼센트가 이에 해당한다), 어머니로서의 노동이 프랑스에서보다 열악하고 직장과 가정생활의 조화가 여전히 제대로 이루어지지 않은 것 때문인데(국가가 아이들을 제대로 보살피지 못하고, 학교식당과 오후수업이 거의 발전하지 못한 학교 시스템 등), 이는 여전히 독일 여성들로 하여금 아이들과

일 사이에서의 선택을 강요한다. 또한 분명히 각인되는 역할의 성적 구분에 근거해 그러한 구분을 부추기기도 한다. 노동시간의 공동 단축, 즉 남녀 간 다른 역할의 조화를 이룰 수 있는 보다 짧은 노동시간은 특히 여성의 이익과 직업상의 평등을 발전시키려는 국가에 적당한 듯하다.

남녀평등과 특히 여성의 노동시장 참여를 늘리기 위한 노동시간 정책의 필요성 또한 사회계층에 관한 접근으로 이루어져야 한다. 실제로 로랑 레나르Laurent Lesnard가 특히 INSEE의 '시간표Emploi du temps'라는 조사에서 실행한 개인과 부부의 노동시간에 관한 구체적인 접근은 다음과 같은 중요한 현상을 강조했다. 즉, 노동시간의 균형 상실은 경제적 자산이 가장 적은 부부에게 훨씬 더 많은 영향을 미치고, 이로 인해 경제적으로 가장 취약한 가정의 가족이 함께 보내는 시간과 가족관계를 줄어들게 하는 현상이다. 형편없는 학벌에 최저 소득 가정의 부부는 불규칙적인 시간표에 따라 일하기 때문에, 유복한 부부들처럼 가족과 함께 휴가를 보내고 여가를 즐기며 교회에서 사교 모임을 가질 시간이 없다. 야간, 아침, 저녁 근무, 아니면 주말 근무는 부부와 가족의 사회성을 무너뜨리고, 특히 불규칙적인 근무는 아주 어린 아이들의 육아를 어렵게 하므로 여성이 아이를 낳는 데 간접적인 방해요소로 작용한다.[8]

최근《프랑스 전략France Stratégie》의 논평은 파트타임 근무는 몇몇 경제학자들의 선택 무대이자, 아마도 현 정부가 신경 쓰는 부분임을 분명히 언급한다.[9] 〈파트타임: 일자리의 창고〉라는 제목의 본문은, 서로 다른 양상이긴 하나 현재 독일, 미국, 영국(짧은 시간의 파트타임 근무를 매우 많이 수용), 혹은 네덜란드, 스웨덴, 덴마크(긴 시간의 파트타임 근무를 많이 수용)처럼 파트타임의 확장은 일자리를 증가시키지만, 결론적으로 이 일자리 창고는 환상에 불과하다고 역설한다. 이 기사는 당연히 프랑스 이외의 국가에서 일자리 분배를 위해 여성들이 대부분 짧은 시간의 파트타임 형태를 선택했다는 점을 상기시키고 있다. 2000년 초반 이후 노동시간 단축 분야의 평론가들(이들은 일자리를 분배할 수 있다는 생각을 강력히 비판한다)은 사실 공동 단축만을 목표로 하고 있다. 반면 그들은 실업률을 낮추고 고용률을 증가시키는 파트타임 혹은 매우 단기간의 일자리, 즉 단 1시간의 작업이 35시간의 작업과 같은 효과를 내는 일자리를 적극 장려한다.

법률가 에블린느 세르브렝Évelyne Serverin은 '임금제의 발전과 함께 노동시간의 규정은 임금의 대가로 임금 노동자에게 요구할 수 있는 노력의 정도를 결정하는 범위 내에서 중요한 문제기 된다. 이 분야에 관한 고용주의 권한을 제한하기 위해 법이 일찌감치 개입됐다'라고 썼다.[10] 18세기 이후 노동자의 건강을 보호하기 위해 최대 노동시간을 제한하려는 의지와, 덜 강제적인 결정 수준을 적용함으로써, 서로 다른 시간 명세서를 적용함으로써, 모호한 시간은 노동시간으로 고려하지 않으면서, 노동시간 관련 조치는 더 이상 가능하지 않다거나 적당하지 않다는 평계를 대면서, 이런 과정을 피하려는 방법 사이에 다툼은 계속되고 있다. 자본주의의 특징이기도 한 이런 다툼 속에, 중요한 것은 노동자의 건강과 안전뿐만 아니라 가정과 직장생활을 보호하고, 노동시간 확대의 경계를 한정하고, 인격체(시민, 부모, 자원봉사자)로서의 역할을 표현하는 데 필요한 시간과 자신을 위한 시간을 확보하는 것이다.

우리가 다시 시작할 일은 노동시간의 공동 단축을 시급하게, 반드시 추구해야 한다는 것이다. 이를 위해서는 우선 노동시간 단축이 왜 항상 노동환경과 노동자의 삶의 개선과 동일시됐는지를 상기하고, 주당 35시간 노동을 제기하기 위해 만들어진 이념적 허상의 바람을 빼야 하며, 이 방향으로 나아가야 할 이유와 방법을 제시해야 한다.

2부

노동시간의

집단적 단축이

위기 탈출의

가장 중요한 요소

노동시간의 약사^{略史}

지난 2세기 동안 노동시간 단축의 역사는 보다 거시경제학적 접근 (여기서 일자리 창출이 핵심 요소가 됐다)으로 통합되기 전에는 노동자들, 이후 임금 노동자들의 삶을 개선해나가는 역사와 혼동됐다.

프랑스 노동시간 법규의 탄생

프랑스가 처음으로 일상적인 노동시간을 생각하게 된 것은 1840 년《목화, 양모, 비단 공장 노동자들의 육체 및 심리 상태 보고서》[1]를 발간한 빌레르메 박사와《영국과 프랑스 노동자 계급의 빈곤에 관하여》[2]를 발표한 외젠느 뷔레^{Eugène Buret}의 조사를 통해서다.

첫 번째는 1835년 윤리과학아카데미가 루이-르네 빌레르메^{Luis-René Villermé}에게 의뢰해 만든 보고서로 목화, 양모, 비단 공장 노동자들이 특히 많은 프랑스 지방에서의 노동을 세밀하게 조사했다. 빌레르메는 남자, 여자뿐만 아니라 어린이까지 포함된 노동자들을 관찰함으로써 그들이 끔찍한 상황에 처해 있다고 보고하고 있다. 그는 실제 노동자의 15퍼센트는 주로 10세 이하의 어린이들이고, 하루 노동시간은 약 14시간에서 최대 16시간이라는 사실을 보여준다. 그는 알자스 지방의 젊은 노동자들을 서술하면서 '고문'이라는 용어를 사용한다. 끔찍한 숙소와 음식 그리고 영양실조와 매우 높은 사망률을 함께 조명하면서, '강제노역자들이 이들보다 더 좋은 환경에서 일하고 있었다'고 적고 있다.

외젠느 뷔레가 프랑스와 영국의 빈곤 조사를 실시했던 것도 이 당시였는데, 지나친 노동시간이 국민의 건강 상태를 악화시킨 핵심요소로 여겨지고 있었다. 그는 '방직공들이 밤을 꼬박 새거나 거의 새는 일이 흔하다' 그리고 '축축한 지하에서 머물면서 오랜 시간 노동을 함으로써 많은 환자들이 발생한다'는 점을 지적하면서 '도심에 살면서 공장에서 일하는 노동자들의 상황이 점점 악화되고 있음은 슬프게도 사실로 확인됐다'고 썼다. 생각해보면 매우 긴 1일 노동시간과 1주 노동시간뿐만 아니라 수많은 종교 축제일에도 일하는 것이 일상이던 1840년은 프랑스에서 노동시간이 가장 긴 해였다.[3]

단지 어린이들의 일일 노동시간을 제한하자고 주장했기 때문에 그다지 혁명적이라고 보기 어려웠던 빌레르메의 주장은, 그럼에도 불구하고 공장 주인들과 자유주의 사고의 거친 저항에 부딪힌다. 이런 문제에 관한 토론이 의회에서 이루어지는 동안 다음과 같은 논거들이 쌓였다. 즉, 단지 특정 사례에 불과하지만 빌레르메 보고서가 특히 주목한 알자스 지방은 모든 법규에 반하는 논거들을 옹호한다. 한편, 그는 교육을 목적으로 아이들의 노동시간을 제한하려는 아버지의 권한에 반대하는 입장이다. 결국 법 실행은 폭정이 되고 노동법규는 산업적 자유와 부합하지 않는 것이다. 관료적 통제로 인해 생산은 감소될 것이며, 혹온 게이뤼사Gay-Lussac이 이미 주장했듯이 '사업소는 집과 마찬가지로 성스러운 곳이고, 특별한 상황에서만 침해될 수 있다. 법이 강제적일 수 없는 이상, 법은 고용주의 자비심을 권유하거나 이에 호소할 수밖에 없다. 만약 정부가 사업소에 개입하면, 이는 생시몽주의 (생시몽Saint-Simon의 인간 해방 사상을 이어받아 완성·실천한 사회개혁자 사상 - 옮긴이) 혹은 푸리에주의(생산자 협동조합인 팔랑주에 바탕을 둔 사회 건설을 주장한 푸리에 Fourier의 사상체계 - 옮긴이)의 발단이 된다.'[4]

　노동관계에 대한 최초의 국가 개입이자 노동법의 기초 문서로 여겨지는 1841년에 의결된 법은 (이전에 문제가 됐던 10세 혹은 12세가 아닌) 8세 이전의 어린이를 고용할 수 없으며, 8~12세 어린이들의 휴식시간을 제외한 실제 노동시간은 8시간을 초과할 수 없고, 아침 5시부터 저녁 9시까지만 노동할 수 있다고 규정했다. 20명 이상의 임금 노동자들을 고용한 기업에만 해당하는 이 법은 실제로는 거의 적용되지 않았는데, 이는 특히 이 법을 신경 쓰기 위한 공장주 측근들의 선택 때문이었다. 이 법은 얼마 지나지 않은 1848년에 폐기됐지만, 미성년 여자아이들의 노동시간이 제한된 것은 1874년이었고, 여성의 노동시간 제한은 1892년, 여성 임금 노동자들의 상황이 이전처럼 보호대상이 된 것은 1900년이었다. 1900년 법은 실제로 모든 임금 노동자에 관계된 것이며, 이후 노동자의 건강 보호를 위해 노동시간의 제한을 받아들여야 한다는 생각이 형성됐다.

　뷔레는 특히 19세기 전반에 산업화가 가져다준 유해한 과정을 강조했다. 즉, 노동이 상품으로 여겨졌기 때문에 최저비용으로 노동자들을 고용하기 위한 고용주 사이의 경쟁은 가혹한 임금 삭감과 (공장 혹은 자택에서의 노동과 관계된) 엄청난 노동시간 연장으로 이어졌던 것이다. 국가나 노동자 조직은 오직 민법에 의해 규제되는 노동관계에 개입할 수 없기 때문에,[5] 이후 그 어떤 것도 노동과 삶의 조건의 추락이 가속화되는 것을 막을 수 없었다. 상황 개선을 위해 국가의 노동관계 개입을 고려한다면, 자유주의자와 기업주들의 저항을 극복해야 한다. 또한 빌레르메 자신도 보고서의 결론에서 그저 고용주들의 호의를 호소하면서 마지못해 공공행정 규정만을 제안했다. 뷔레는 영국 경제학자(리카르도Ricardo)와 프랑스 경제학자(세이Say)들이 노동에 관해 사용한 표현, 즉 '노동 상품'에서 진정한 해악의 원인을 찾는다.

따라서 모든 임금 노동자에 관계된 1900년 법은 노동시간의 일반적인 틀을 규정하고 있다. 이후 일반적인 1일 노동시간은 11시간으로 고정됐다. 1906년에는 1주에 하루를 쉬는 것이 법으로 제정됐다. 1919년에는 1일 8시간 노동이라는 조합의 요구를 받아들여 의회는 1일 노동을 8시간으로 제한하는 법을 가결했다. 이와 함께 1주일에 일요일 하루는 쉰다는 조항 또한 법제화됐다. 사람들은 이를 진정으로 적용된 노동시간을 규정한 최초의 법으로 본다. 1935년까지 인정된 많은 추가 시간이 실제적으로 이때까지만 줄어들었지만 말이다. 이 법의 6조는 '남녀 그리고 모든 연령대의 노동자 혹은 고용자들의 실제 노동시간은 1일 8시간, 1주 48시간, 그리고 주 이외의 다른 기간으로 설정된 시간의 한계를 초과할 수 없다'라고 규정하고 있다.

1848년과 20세기 초 노동시간 단축에 관한 요구는 1848년 3월 2일 룩셈부르크 위원회가 법령의 동기에서 분명히 밝혔듯이 단지 사회보장적 목적만 갖고 있었다. '장시간의 육체노동은 노동자의 건강을 해칠 뿐만 아니라, 노동자가 지성을 배양하는 것을 방해함으로써 인간의 존엄성을 훼손하므로…….' 이에 반해 노동시간을 40시간으로 단축하자는 1930년대 사전 토론은 경제적 고려와 실업에 맞설 효과적인 수단을 구축하기 위해 노동시간 단축 능력에 관한 활발한 논의도 포함하고 있었다. 1936년 6월 7일 마티뇽 협정 이후 6월 21일에 공포된 법은 주당 노동시간을 40시간으로, 유급휴가 일수는 15일로 확정했다. 국가경제사회당 장관 샤를 스피나스^{Charles Spinasse}는 이 법을 이렇게 요약했다. '40시간 법은 물론 실업으로 고통받는 사람들에게 노동이 가져다주는 물질적 안전과 정신적 존엄성을 되돌려주는 것이 목표다. 하지만 이 법은 내가 보다 유익한 것으로 생각하는 발전과 결과라는 또 다른 생각에서 영감을 얻은 것이기도 하다. 즉, 노동자들이 과학과 기술 발전의 혜택을 보게 하는 것, 기계에 종속됐을 때 기계 노동자들에게 도움이 되도록 하는 것, 이처럼 항상 어쩔 수 없이 규율과 강요를 동반하는 노동의 삶 이외에 여가의 삶, 즉 자유로운 삶, 문화와 예술이 있는 삶, 보다 인간적이고 보다 아름다운 삶을 보장하는 것.'[6]

이처럼 노동시간의 단축은 기본적으로 노동환경과 임금 노동자의 삶의 개선이라는 목표와, 임금 노동자는 자신들로 인한 생산성 증가의 상당 부분을 정당하게 재분배해달라고 요구할 수 있다는 생각으로 나타난다. 하지만 전쟁 준비에 제동이 걸릴 것이라는 이유로 레옹 블룸^{Léon Blum}은 40시간 법에 대해 다음과 같이 선언한다. "나는 40시간 법은 문명의 발전과 더불어 노동자에게는 배당 권한을 대표하는 절대적 중요성을 갖고 있었고, 또한 지금도 여전히 중요하다고 생각한다. 이 법은 노동자가 받을 수 있었던, 그리고 모든 사람에게 관계된 문명과 발전의 변화 속에서 노동자의 정당한 몫으로 인식할 수 있었던 예약금, 즉 최초의 이윤을 나타냈다. 이것이 바로 40시간 법의 깊은 의미, 보다 정확히 말하자면 내가 이것에 집착하는 진정한 의미다."[7]

1956년 기 몰레[Guy Mollet] 정부는 임금 노동자에게 3주의 유급휴가를 승인하는 법을 통과시켰다. 1968년 5월 그르넬[Grenelle] 협정은 주당 노동시간을 48시간에서 40시간으로 점진적으로 단축한다는 내용을 담았다. 그리고 의회는 4주 유급휴가를 인정하는 법 제안을 가결했다. 1981년 선거에서 좌파가 승리한 다음날, 피에르 모루아 정부가 일자리 정책에 우선해 법적 노동시간을 1985년까지 35시간으로 단축할 것을 목표로 했던 것은 일자리 분배 관점에서였다. 이런 과정에서 직업 간, 업종 간 협상이 유발됐고, 뒤이어 결과에 따라 법률이 제정됐다. 프랑스 경영자전국평의회[CNPF]와 주당 법적 노동시간을 39시간으로 줄이고 유급휴가를 5주로 늘리자고 제안하는 노동조합연맹[CGT](노동총동맹은 제외)은 협정 의정서에 서명했다. 하지만 업종 간 협상이 부진해지면서 법적 주당 노동시간을 39시간으로 단축하고 유급휴가를 5주로 늘리는 것이 승인된 것은 1982년 1월 13일 이루어진 행정명령에 의해서였다. 이 행정명령은 또한 법에 저촉되는 노동시간 조정 형태를 업종 및 기업 수준에서 협상할 가능성을 열어두었다.

모든 선진국의 강력한 노동시간 단축

마르샹[Marchand]과 텔로[Thélot]에 따르면 프랑스의 연간 노동시간은 1830년 3,000시간(1840년대 최대 노동시간은 약 3,040시간이었다)에서 1996년 약 1,600시간으로 줄었는데, 이는 약 절반이나 감소한 것이다.[8] 최근 INSEE의 중요한 연구는 1950년대 이후 모든 선진국의 노동시간이 줄었다는 사실을 보여준다.[9] '한 공개토론회에 따르면 약 60년간 1인당 GDP가 가장 높은 10개국의 노동시간은 약 25퍼센트 감소했다. 2007년 이 10개국의 1년 평균 노동시간은 1,620시간이었다.' 이런 노동시간 단축에는 다음과 같은 요소들이 작용했다. 우선 경제에서 임금 노동자가 차지하는 부분의 증가, 주당 집단 노동시간의 단축과 휴가일수의 증가 그리고 파트타임 일자리의 확대 등이다.

그럼에도 이런 변화는 커다란 다양성을 포함한다. 유럽에서 가장 부유한 국가들 대부분이 노동시간 단축의 중요성을 알긴 했지만, 이는 미국과 일본에 비하면 그 정도가 훨씬 덜한 것이었다. 게다가 프랑스와 독일의 노동시간 분배에서 알 수 있듯이 동일한 노동시간은 매우 다른 형태를 포괄할 수 있다. 풀타임 노동시간에서 보면 독일인은 프랑스인보다 더 많은 시간을 일한다(실제 풀타임 평균 노동시간은 프랑스보다 독일이 약간 더 많다). 하지만 앞에서 확인했듯이 파트타임 일자리는 프랑스보다 독일에 더 확산돼 있기 때문에 파트타임과 풀타임 노동자를 한꺼번에 고려하면, 주당 평균 노동시간이 37.7시간인 프랑스인은 독일인(35.3시간)뿐만 아니라 이탈리아인(36.9시간), 네덜란드인(30시간), 영국인(36.5시간) 그리고 유럽 평균(37.2시간)보다 더 많은 시간 동안 일한다.

또한 지난 30년간 노동시간이 크게 단축된 것을 자유시간이 대폭 증가한 것으로 해석해서는 안 된다. 우선 1986~1999년 프랑스인 전체가 직장에서 보내는 시간이 단축됐다 할지라도, 그 단축된 시간은 고스란히 각자의 여가시간으로 흡수된 것이 아니라 주로 고용된 사람들의 수가 줄어든 결과로, 특히 실업자 혹은 경제활동을 하지 않는 사람들이 증가한 것으로 설명된다.

여가 혹은 노동의 자유시간은 허상에 불과하다. 이 경우엔 부득이한 비경제활동의 많은 부분이 포함돼 있기 때문이다. 만약 여가시간이 증가했다면 이는 주로 학위가 없는 사람들이거나 저소득 정규직의 경우에 해당하기 때문이다.

마찬가지로 풀타임 임금 노동자의 노동시간, 특히 간부와 중개업자들의 노동시간도 증가했다. 결국 '사회계층에서의 지위와 관련한 여가시간의 변화가 역전됐다. 혜택을 입은 계층은 1974년 서민계층보다 더 많은 여가 혜택을 받았다. 이런 상황은 1998년 반대로 나타난다.' 1986~1999년 여가시간은 10시간 증가했는데, 이는 학위가 없는 사람 혹은 단지 초등교육 수료증만 소지한 사람들의 여가시간의 거의 절반에 해당한다. 이런 24년간 10시간의 여가시간 증가는 저소득 정규직 사이에서도 관측된다. 자유시간은 상위계층과 소득 4분위 상위계층에서 훨씬 더 늦게 증가한다. 조프르 뒤마즈디에 ^{Joffre Dumazdier}가 유명한 저서《여가문화에 관하여》에서 예측했던 것과는 반대로, 슈뉘 ^{Chenu}와 에르펭^{Herpin}은 '따라서 사람들은 일반적으로 여가시간이 증가하는 것이 아니라 노동의 임무가 가장 능력 있는 사회계층으로 이동하는 것을 목격하고 있다'라는 결론을 내린다.[10]

결국 노동시간은 관련법을 위반하는 노동시간 조정 형태뿐만 아니라, 특히 몇몇 기업체에서 육체노동자 경영의 실제 형태가 된 세금면제로 인한 파트타임 일자리의 부양책 확대를 업종과 기업 수준에서 협상하기 시작하면서(1982년에 노동시간을 39시간으로 단축하는 행정명령으로 시행됨) 분할됐던 것이다. 30년 전부터 표준 노동일수를 경험한 임금 노동자들의 비율은 줄었고, 불규칙적인 노동시간이 자주 나타나는 것과 마찬가지로 노동시간의 유연성은 증가했다. '시간표' 조사에 따르면, 정기적인 주간 시간표에 따라 평균에 가까운 노동시간 동안 일하는 표준 주는 풀타임 노동자의 32퍼센트에만 해당되는 사항이다.[11] 최근

탐구, 연구, 통계 활성화 부서[Dares]의 조사는 임금 노동자 중 3분의 2가 불규칙적인 노동시간에 따라 일했다는 사실을 보여준다.[12]

결국 지난 50년간의 노동시간 변화를 이야기할 방법은 여러 가지가 있다. 생산성이 엄청나게 증가했던 이 시기에 노동시간은 많이 줄었지만, 이후 평균 노동시간이 많지 않은 국가들은 신흥국가 혹은 미국과 같이 노동시간이 보다 긴 국가에 비해 경쟁력이 뒤떨어지는 결과를 낳았다. 이는 올리비에 블랑샤르 같은 정통 경제학자들 대부분이 갖고 있는 견해다. 이전 IMF의 수석 경제학자였던 올리비에 블랑샤르는 오래전부터 '프랑스인들의 여가 선호'를 규탄하고, OECD 동료 경제학자들과 마찬가지로 유일한 탈출구는 노동시간의 증가라고 생각한다.

그리고 생산성의 엄청난 증가(1930년에서 1990년대 말까지의 시간당 노동 생산성은 28배 증가했다)는 1970~1980년대 노동시간 단축으로 충분히 이어지지 않았으며, 따라서 엄청난 실업자들이 발생했고, 높은 실업률은 노동환경과 노동자의 소득 변화에 부담을 주게 됐다. 1960년대 이후 부가가치의 변화를 나타내는 수치들은 이전 장에서 다루었듯이 오히려 방금 전 주제를 뒷받침하고 있다.

6장

35시간의
진정한 역사

1982년 '임금을 삭감하지 않은 상태에서' 노동시간을 39시간으로 줄이고 5주간의 유급휴가를 실시한 후, 프랑스의 노동시간은 거의 변하지 않았다. 실업률은 상당히 증가해 1993년에는 10퍼센트를 넘었고, 1997에는 10.3퍼센트까지 치솟았다. 의원 다수가 교체되면서 새로운 일자리 정책이 실행됐는데, 이 정책의 골자는 최저임금에 대한 사회보장 분담금을 경감하자는 것이었다. 하지만 노동시간에 관한 논의 또한 재개됐다.

로비엥 법에서 오브리 법까지

노동시간 단축이라는 주제는 이미 1970년에 자주 거론됐다. 프랑스민주노동동맹CFDT이 이 주제에 적극 개입했다. 1976년 12월 CFDT 사무총장 에드몽 매르는 완전고용을 목적으로 노동시간의 대폭적인 단축에 관한 협상을 시작할 것을 요구했다. 그가 노동시간 단축에서 유연한 교환이 가능하리라고 예상한 1978년의 직업 상호간 협상은 실패로 끝나고 만다. 1984년 주앵-랑베르[Join-Lambert] 보고서는 노동시간 단축 문제에 관한 기업들의 분권 협상이라는 사안을 재개했다.

1993년 말 다시 격론이 벌어졌다. 우선 BSN-다논 회장인 앙투안느 리부, 주 4일 근무를 주장하는 젊은 고문 아르튀르 안데르센과 피에르 라루튀르가 그 중심에 있었다. 그리고 이런 제안은 예상치 못한 반대에 부딪힌다. 5년간의 일자리 법 논의 과정에서 우파 다수당의 장-이브 샤마르 의원이 주장하는 주 32시간 노동 수정안 요구가 정부 요구에 따라 기각됐지만, 제라르 라르셰와 장-피에르 푸르카드의 서명하에 이를 상원으로 돌려보냈다. 새로운 수정안은 기업협정을 인정했고, 임금 노동자들의 연간 노동시간을 적어도 15퍼센트 단축하고 임금을 15퍼센트 이하로 삭감함으로써 3년간 임금 노동자들을 추가로 10퍼센트를 고용하는 대신, 고용주 부담 사회분담금을 첫해에 40퍼센트, 다음 2년간은 30퍼센트 줄일 수 있는 권한의 부여를 시험적으로 고려했다. 프랑스경제전망연구소[OFCE]가 주 4일 35시간 노동을 채택할 경우 노동시간 단축을 통해 창출될 일자리의 수 예상치를 발표한 것도 1993년이었다. 180만~250만 개의 일자리가 생길 것이라는 예상이었다.

그래서 일자리 창출이 동반되고, 대중의 지지를 얻고, 기업에서의 노동 재편성을 조건으로 한 분명한 노동시간 단축이라는 동일 목표를 놓고 우파와 좌파 합의가 시작될 것 같은 시대가 열린다. 법적으로 노동시간을 32시간으로 단축하자는, 따라서 추가시간을 단축하고 국가의 고용 도움을 받아 임금은 그대로 유지하자는 원칙이 CFDT 회의에서 토론에 부쳐지고 적용됐다. 1995년 10월 31일, 노동시간 단축과 조정을 단언하고 협상에 부쳐진 업종 간 협정이 고용자 단체와 CFDT, 프랑스노동조합^FO, 일반간부협회^CGC의 서명을 받았다. 이 협정의 첫 번째 성과는 제한적이었다. 1996년 6월, 합의에 의한 노동시간 조정과 단축으로 일자리 혜택을 주려는 법, 즉 로비엥^Robien 법은 매우 직접적인 지원정책을 배치했고, 기업협정이라는 중요한 흐름을 이끌어냈다.

　로비엥 법은 일자리 창출을 위해 노동시간을 집단적으로 단축함으로써 기업에 지원시스템을 설립하는 것이다. 기업과 국가 간의 합의는 기관, 기업 혹은 업종 수준에서의 노사 간 협정에 우선해야 한다. 임금 노동자 전체 혹은 일부의 노동시간을 10퍼센트 정도 단축함으로써 기업은 사회보장 분담금을 첫해에는 40퍼센트, 다음 6년간은 30퍼센트 경감받는다는 것이 기본방침이다. 만약 노동시간 단축이 15퍼센트에 달하면, 사회보장 분담금 경감 혜택은 첫해에 50퍼센트(이는 명목임금의 10퍼센트에 해당한다) 그리고 다음 6년간 30퍼센트에 이른다. 공격적인 면에서 경감의 혜택을 누리려면 노동시간 10퍼센트 단축의 경우 기업의 실제 인원을 10퍼센트 증가시키고, 15퍼센트 단축은 실제 인원을 15퍼센트 증가시키면 된다. 이 법을 2년간 적용하는 동안, 28만 명의 임금 노동자와 3만 3,000개의 일자리 창출 혹은 유지에 관계된 3,000개의 합의가 서명됐다. 종합적으로 평가해보면 이 법을 통해 노동 상황 개선과 매우 밀접하게 연관된 임금 노동자들의 긍정적인 인식이 증가했다.

　상원의 한 보고서[1]에 따르면, 국회 재정금융위원회의 요구로 실행된 로비엥 법은 첫 번째 이 법이 행정직원과 마찬가지로 '생산'직원과, 그리고 간부와 마찬가지로 노동자와 연관될 수 있기 때문에, '일자리 지원정책이 미미한 소기업에서 대기업, 혹은 제조업 및 고도의 전문 시비스업 모두에서 환영받는 경우는 드물었다'고 평가할 수 있었다고 한다. 이 보고서는 로비엥 협정의 실시는 일반적으로 기업의 사회적 협상에 혜택을 주었고, 많은 기업들이 생산방식을 재편성하는 데 이 협정을 이용한 듯한 상황을 보여준다. 보고서는 특히 이 법을 공격적으로 이용하면, 새로운 역량을 활성화하고 강화하거나 '생산직'에 비해 '행정직'과 연관된 부담을 줄임으로써 고용이 기업의 일자리와 역량을 재편성했다는 사실을 지적하고 있다.

로비엥 법에 관한 중요한 비평(예를 들면 마르틴 오브리Martine Aubry가 35시간 법을 지지하면서 설명한 비평[2])은 이 법이 단지 기업의 자발적 의지에만 좌우됐다는 것이다. 그로 인해 실제로 연관된 인원은 실업을 확실히 감소시키기에는 턱없이 적었을 위험이 있다(하지만 로비엥 법에 의한 일자리 비용은 매우 높았다는 비평도 무시해선 안 된다). 1997년 리오넬 조스팽이 총리가 되면서 여당이 바뀌자 여당은 노동시간 단축 실행을 고려했는데, 사회당이 제시한 계획은 이러했다. '오늘부터 우리 당은 그야말로 엄청난 생산성 증가를 가능하게 할 것이다. 우리는 임금 삭감 없이 법적 노동시간을 39시간에서 35시간으로 줄일 것을 제안한다. 이에 국가는 방향 제시 또는 일정 확정의 역할만 하고 나머지는 노사 간 협상으로 이루어질 것이다. 부당한 업무시간과 추가시간에 대항하는 것을 또 다른 목표로 삼고 있는 기본법은 이런 역사적 발전을 촉진할 것이다.' 일자리, 임금, 노동시간에 관한 회담이 끝난 1997년 10월 10일, 조스팽은 35시간 노동을 확정하는 기본법이 1998년 1월에 마련되고 2000년부터 실행될 것이라고 발표했다. 이 법이 단지 격려 차원에 머물기를 바랐던 CNPF 회장 장 강두아는 매우 화가 나선 "이념이 이성에 승리했다"고 주장하고, CNPF에는 이제 '청부 살인자'가 필요하다면서 자리에서 물러났다.

노동시간 단축에 관한 방향 결정과 촉진 법률안이 제출되고 며칠이 지난 1998년 1월, Dares는 노동시간 단축 실행으로 기대되는 일자리 효과를 기술한 4페이지짜리 문서를 발표했다. 이 문서는 프랑스 은행^{Banque de France}과 OFCE의 연구를 요약해놓은 것으로, (국가 지원 이외에 임금 삭감, 노동시간 단축 3분의 1 수준의 생산성 증가 그리고 충분한 조직 재편성 같은) 적절한 여건이 주어진다면 3년 후 일자리 수는 70만 개에 이를 수 있다는 점을 강조했다. 노동시간 단축에 따른 전체적인 자금조달 계획은 그 시나리오에 매우 가까울 것이다. 노동시간 단축으로 발생하는 비용은 생산성 증가의 3분의 1, 국가 지원의 3분의 1, 그리고 임금 삭감의 3분의 1로 보충돼야 하기 때문이다. 1998년 6월 13일, 노동시간 단축에 관한 방향과 촉진법이 공표됐다.

제1조는 20명 이상의 임금 노동자를 고용한 기업들은 2000년 1월 1일부터, 그 외의 기업들은 2002년 1월 1일부터 법적 노동시간이 35시간으로 확정된다는 사실을 명시하고 있다. 제2조는 노동조합과 고용주 조직에 노동시간 단축에 관한 구체적인 협상 방법을 요구한다. 제3조는 확정된 날짜 이전에 노동시간을 단축하는 기업은 국가의 금융지원을 받을 수 있음을 명시하고, 원래 노동시간의 최소 10퍼센트는 단축돼야 하며 새로운 법적 노동시간 수준에서 새로운 공동 업무 시간을 지정해야 한다는 점을 명확히 했다.

여기서 분명히 해둘 부분은 노동시간 단축의 규모는 '공제의 일정한 형태'에서부터 평가된다는 점이다(다시 말해 점심시간 같은 휴식시간 정관은 그대로 둔다). 노동시간 단축은 실제로 확실히 이루어져야 하며, 생산성 증가가 일자리 창출과 무관한 것처럼 노동시간 단축이 생산성 증가로 보상되는 것을 피하기 위해 단번에 이루어져야 한다. 기업은 노동시간 단축과 관련된 실제 고용 정원이 최소 6퍼센트에 이르도록 약속해야 한다. 노동시간을 15퍼센트 줄이고 그와 관련된 정원의 최소 9퍼센트에 해당하는 고용을 실행하는 기업은 추가적인 지원 혜택을 누리게된다. 추가시간, 간부의 노동시간, 조정, 파트타임, 최저임금 같은 실행형태의 문제는 그동안 행해진 업종과 기업의 공동협상 내용에서 영감을 얻게 될 두 번째 법의 표결에 부쳐졌다. 실제로 이런 형태를 규정하는 법은 1990년 2분기에 업종과 기업에서 이루어졌던 (이 법이 고려해야 하는) 협상의 평가가 이루어진 다음에야 제정됐다.

첫 번째 오브리 법에 도입된 주요 혁신은 50명 이하의 임금 노동자들을 고용한 기업이 직접적으로, 다시 말해 업종 수준에서 서명된 노동시간 단축 협정을 실제로 적용하고 이런 지원을 기대하게 만들어 격려성 지원 혜택을 받게 하는 것이다. '오브리 법 1'의 지원 혜택을 보면서 노동시간을 35시간으로 단축한 기업 중 5분의 1은 이런 절차를 따랐다. 게다가 1995년 업종 간 국가 협정에 따라 도입된 지불명령 절차는 이 첫 번째 규정에 의해 장려됐다. 기업에 노동조합 대표가 없을 경우, 이 조치는 기업 내 임금 노동자, 즉 국가 계획을 대표하는 노동조합에 의한 '위임자'가 협상하고 서명할 수 있다. 이런 관행이 널리 퍼진 이유는 2000년 이전에는 노동시간 단축 협정 10개 중 7개가 (모든 규모의 기업에서) 권한을 위임받은 임금 노동자에 의해 협상됐기 때문이다.

노동시간 단축 방향과 촉진에 관한 첫 번째 법과 2000년 1월 9일 공표된 두 번째 법 사이에 많은 협정들이 서명됐다. '오브리 법 2'는 이런 협정들의 영향을 받은 것으로 추정된다. 이 법은 1998년에 확정된 노동규범, 즉 연간 법정 노동시간을 1,600시간으로 규정한 규범을 재차 확인하지만 계산 방법은 바뀌었다. 사실 노동시간 단축은 더 이상 '일정한 노동시간 공제 형태'에 적용되지 않는다. 따라서 이전에는 계산에 포함됐던 휴식시간, 이동시간 혹은 옷 갈아입는 시간(이는 노동시간 단축 규모를 그만큼 줄인다)에서 실제 노동시간을 계산해내는 것이 가능하다. 게다가 노동시간 단축의 경제적, 재정적, 사회적 그리고 사회구조나 기능적 효과에 관한 의회 조사위원회의 보고를 듣고 난 뒤, 야금채광연맹UIMM의 여성 '노동법' 관리소장은 다음과 같은 점을 지적했다. "우리는 기재된 35시간에서 비생산적인 시간을 최대한 배제하기 위해 실제 노동시간 규정에 관해 협상했다." 그리고 두 번째 오브리 법은 더 이상 일자리 창출을 의무로 한 지원을 규정하지 않고 있다. 사회보장 분담금의 구조적 감축은 최대 35시간의 공동 노동시간과 일자리 창출 또는 보존을 언급했지만, 그 이상은 어떤 의무제약도 없는 협정에 서명한 모든 기업에 해당하기 때문이다. 그러므로 이 방식에서는 일자리 창출이 훨씬 적어질 가능성이 다분하다.

35시간에 관한 첫 번째 법과 마찬가지로 로비엥 법에서도 최소한의 일자리 창출을 하지 못하면 기업은 면세 혜택을 받지 못했다. 하지만 두 번째 법으로 인해 기업은 매년 700억 프랑의 면세 혜택을 받았음에도, 이에 상응하는 일자리 창출 요구는 전혀 없었다.

면세 혜택을 대가로 요구된 일자리 창출

로비엥 법	CDI 일자리의 10퍼센트
첫 번째 오브리 법	CDI 일자리의 6퍼센트
두 번째 오브리 법	0퍼센트

1999년 6월 두 번째 법 조항이 공표되자 여기저기서 경고의 소리가 터져 나왔다. OFCE와 시앙스 포의 경제연구소는 상당히 비판적인 연구서를 발표했고, 8월 말 파리 소르본 대학의 하계대학연구회는 35시간이 상당히 혼란스런 결정이란 결론을 내렸다. 많은 활동가들이 이런 추가시간, 유연성, 면세 혜택을 수는 이유를 이해하지 못했다.

하계대학이 끝나고 몇 주 후, OFCE 전문가 혹은 각 분야의 활동가나 당선자 중 누구도 시민들의 진정한 호소를 듣지 못했다.

"고용 조건 없이 매년 700억 프랑 이상의 면세 혜택을 줄 것이다. 터무니없는 짓이다. 일자리가 창출되지 않으면 추가 경비도 필요 없다. 그렇다면 왜 면세 혜택을 주는가? 일자리를 창출하는 기업은 일자리를 전혀 만들어내지 못한 채 면세 혜택만 보는 기업에 비해 불리한 입장에 놓일 것이다. 대가 없이 수십억 프랑을 면세 혜택으로 쏟아 붓다니, 정말 터무니없다."

곧바로 수많은 지지 세력이 결집했다(그리고 '35시간을 인정하지만 일자리와 함께해야 한다'라는 내용의 건의문이 1999년 12월 9일 《리베라시옹》에 게재됐다). 피에르 망데 프랑스의 미망인인 마리-클레르 망데 프랑스, 프랑스 주교사회위원회 회장인 스테판 에셀, 평신도 가족연합, 혁명적공산주의자연맹^{LCR}의 크리스토프 아기통, 프랑스관리직총동맹^{CFE-CGC} 위원장, 프랑스 기자노조^{SNJ}, 단일노조동맹^{FSU}, 프랑스 노동조합, 그리고 프랑스 기독교도노동자동맹^{CFTC} 등 많은 단체들이 결집했다. 사회적 주제에 관한 통합운동은 드문 경우다. 노동시간 문제를 고민했던 모든 사람들이 임금 노동자 대다수에 해당되는 이 법제 아래서는 절대로 일자리 창출이 일어나지 못할 것이라고 생각했다. 하지만 안타깝게도 정부는 이 법을 개선하지 않았다.

노동시간 단축 실행

기업에게 주 35시간 혹은 연 1,600시간을 강제할 방법은 전혀 없었지만, 재정적으로 이를 유도하는 유일한 방법이 있었음을 기억하도록 하자. 35시간 이상 근무하는 기업이 떠안는 위험은 '추가시간' 같은 35시간 이외의 시간에 임금을 지불해야 한다는 것뿐이었다. 사실 법적 노동시간은 얼마큼의 보장, 즉 한편으로는 추가시간에 대한 지불, 다른 한편으로는 부분적인 실업을 시작하는 출발점에 불과했다. 노동시간은 파트타임에 관한 참조규범 역할을 한다. 법적 노동시간은 최소한도 최대한도 아니다. 이는 초과될 수도 있다. 추가시간은 주 최대 노동시간 한계 안에서만 인정되고, 임금 노동자당 130시간으로 확정돼 있는 법적 연간 할당량(이는 오브리 법 2 수준에서 유지된다)에 따른다. 추가시간(법적 할당량)이 부여되면, 이를 보상하는 의무적인 휴식이 주어져야 한다.

법적 노동시간을 단축하는 오브리 법 2는 39시간에서 35시간으로 줄어드는 데 따른 임금 노동자의 최저임금 보수를 그대로 유지하는 월 단위 최저보장을 만들기도 했다. 게다가 노동시간 단축 과정은 기업이 노동자를 관리하는 데 있어 최고의 유연성, 특히 조정, 시간적 립구좌^{CET}(직원이 유급휴가 수급액을 축적하거나 휴가나 휴식 기간 또는 금액에 대한 대가로 즉각적인 또는 지연된 보수를 수령할 수 있게 하는 원칙 - 옮긴이) 그리고 총 근무일수 등을 제공하는 중요한 노동 구성 수단을 제공했다.

오브리 법이 제공한 유연성의 형태

1982년 행정명령으로 도입된 공동 노동시간 조정은, 연중 법적 노동시간을 초과하지 않고 일당 시간과 주당 시간이 준수되면서, 추가 급여를 지불할 필요 없이 연중 전체 혹은 일부에 관한 노동시간을 다양하게 만든다. 이런 조정은 여러 업종, 기업 혹은 기관의 합의에 의해 실시돼야 한다. 법적 유급휴가에 추가되고 공동합의에 따라 주당 35시간 이상 노동의 대가로 임금 노동자에게 주어지는 휴가일수는 시간적 립구좌에 축적된다.

오브리 법 2는 노동시간 단축 적용을 위해 임금을 받는 간부들을 법적으로 3가지로 분류했다. 즉 이 법에 적용받지 않는 지도자급, 집단체제에 따르는 단체에 속한 이들, 그리고 노동시간에 구애받지 않고 개인적으로 일하는 이들이다. 고용주는 3번째에 속하는 간부들과 일당, 주당 혹은 월당 고정가격에 대한(노동시간에 대한 것은 아님) 보수를 결정하는 노동계약을 맺을 수 있는데, 이에 대해 간부들은 추가시간에 대한 지불을 요구할 수 없다. 단체협정은 법적 연 최대 노동일수를 217일이 넘지 않도록 하면서 이런 간부들의 연 고용일수를 제한해야 한다.

당사자들의 게임은 노동시간 단축으로 결정됐다. 아스케나지 Askenazy와 블로흐-런던Bloch-London이 지적했듯이,[3] 에르네스트-앙투안 세이예르가 장 강두아를 계승한 이후 1998년 Medef는 CNPF의 뒤를 이어 35시간 반대 입장에 섰는데, 이에 관한 주요 주장은 35시간 노동이 로비엥 법과는 달리 선택이 아니라 모든 기업의 의무가 됐다는 내용이다. 두 학자는 '1997년 10월 회담에서 노동시간 단축을 반대한 이후, Medef는 오브리 법 1이 추진하는 바가 실패할 것을 예측했다. 이법의 목표는 정부로 하여금 대부분의 기업이 35시간 노동 협상을 시작하지 않았다는 사실에 직면하게 해 두 번째 단계를 포기하거나 완화시키는 쪽으로 유도하는 것이었다'고 적고 있다.

1998년부터 몇몇 업종의 경영자 조합은 UIMM처럼 협상을 했는데, 이 협정의 몇 가지 조항은 분명 노동시간 단축의 유효성 제한을 목표로 했다. 이런 경영자 조합들은 실제 노동시간에서 휴식시간, 옷 갈아입는 시간 그리고 일부 교육시간을 배제하고 법적 최대 노동시간 이외의 연 추가시간 할당을 증가시켜 추가비용을 제한하고, 노동시간 단축에 관계된 간부의 수를 줄임으로써 우선 노동시간 단축의 효과 규모를 최소화하려 했다. 몇몇 대기업들은 노동시간 단축과 고용을 제한하면서 노동시간의 유연성을 확장하는 협정에 서명함으로써 이런 방식을 따랐다. 오브리 법 2 직전, 약 1,000만 명 임금 노동자들이 속해 있는 122개 업종이 노동시간 단축 협정에 서명했다. 이는 한편으로 정부가 협상의 범위를 매우 확장시켰다고 우쭐대는 것처럼 보였다. 하지만 다른 한편으로 이들 협정의 일부 논리는 분명 노동시간 단축과 일자리의 실제 규모가 너무 엄격한 것으로 여겨지는 고용을 대기업이 회피할 수 있도록 명시적 지원 조치에 등록하는 것을 면제해

주는 것이 목적이었다. 그리고 이렇게 함으로써 오브리 법 2에 부담을 주기 위함이었다. 실제로 노동시간 단축은 적어도 지원 혜택을 받기 위해 필요한 요구사항을 고려하지 않고 만들어진 것이다.

결국 오브리 법 2는 다수파 조합과 상충하지 않는다는 조건하에 단체협정을 통해 간부들이 자율적으로 누릴 수 있는 법적 상한을 217일로 정하는 노동일 고정가격 협상을 인정했다. 이 고정가격은 1일 최대 노동시간(10시간)과 1주 최대 노동시간(48시간)의 폐지를 포함하고 있다. 따라서 하루 연속해서 11시간을 쉴 수 있고, 1주일에 하루를 쉴 수 있는 노동시간에 관한 유럽 강령으로 확정된 책임만이 존재한다.

이 모든 것은 오브리 법 2가 오브리 법 1보다 훨씬 덜 생산적인 이유와, 결국 프랑스 임금 노동자들의 노동시간이 예상만큼 혹은 기대만큼 줄지 않았던 이유를 설명해준다. 오브리 법 1의 유도성 지원 범위에서 노동시간을 단축한 기업들의 경우 실제 단축 폭이 약 10퍼센트에 이르는 반면, 유도성 지원이 없는 상태에서의 단축 폭은 이보다 훨씬 적었다. 2003년 INSEE는 1995~2001년 정규 시간표대로 풀타임 일하는 임금 노동자들의 노동시간은 41시간 10분에서 39시간 50분으로 1시간 20분이 줄었다고 주장했다. 즉, 1시간 10분밖에 줄지 않았던 것이다. 2007년 풀타임 임금 노동자들의 주당 평균 노동시간은 39시간 30분이었다.

7장

35시간에 대한 실제 평가

2002년 말 이후 노동시간 단축 평가에는 정보 조작이라는 사실상의 관념적 계획이 개입됐다. 노동시간 단축이 부각됐든, 그 과정에서 강조할 만한 매우 중요한 결과가 나왔든, 이는 분명 부인할 수 없는 사실이다. 하지만 이런 분석 대신 상황의 갈등, 특히 신화의 구조가 발전했다. 경쟁력 상실, 노동 가치의 하락, 기업의 부진 등 35시간 노동으로 인한 프랑스의 추락은, 우리가 상황을 정상 수준으로 돌려놓길 원한다면 반드시 해결해야 할 문제다. 노동시간 단축 과정을 저지하려 했던 2003년 이후 저주는 끊임없이 이어졌고, 노동시간의 점진적 단축에 관한 경제적, 재정적, 사회적, 사회관점적 효과에 관한 국회조사위원회 보고서[1] (작성자의 이름을 따 '로마녕Romagnan 보고서'라 불린다)는 결국 확실한 종합평가를 이끌어냈다.

35시간 노동이 일자리를 창출했다

첫 번째 사실. 노동시간 단축은 일자리를 창출했다. 물론 그 과정이 끝까지 제대로 이루어지고 오브리 법 1이 제시한 기준이 기간 내내 유지되었을 경우 창출됐을 일자리보다는 훨씬 적었지만 말이다. 우리는 일정한 노동시간 공제 형태에 대한 의무적인 검토가 유지되지 않고, 일자리 창출에 전폭 지원하지 않음으로써 동력을 크게 훼손한 사실을 확인했다. 에리크 에이어는 의회 위원회[2] 청문에서 "사람들은 보통 39시간에서 35시간으로 노동시간이 10퍼센트 줄었다고 말하곤 한다. 하지만 실제 줄어든 시간은 5퍼센트로 한정돼 있었다"라고 지적했다. 이는 특히 기업의 20퍼센트만이 오브리 법 1에 따라 노동시간을 단축했고(즉, 일자리를 최대한 창출), 50퍼센트는 오브리 법 2에 따라 단축했으며, 나머지 30퍼센트는 전혀 단축하지 않았다는 사실에 기인한다. 예상보다 훨씬 높은 생산성 증가와 조정에 의해 부여된 유연성 증가 또한 이런 사실의 원인이다. 따라서 노동시간의 단축은 결국 제한적으로 시행됐다.

로마녕 보고서가 취한 대부분의 공식적 분석은 35만~50만 개의 일자리가 창출됐다고 지적한다. 게다가 1997~2001년은 프랑스에서 보다 많은 일자리(200만 개)가 만들어진 시기였다. 미셸 위송Michel Husson(고용과 노동문제에 관한 프랑스의 대표적인 전문가-편집자)은 이를 이렇게 강조한다. '전 세기에 걸쳐 일자리 창출이 이처럼 짧은 기간에 이루어진 적은 없었다. 1978년 이후 270만 개의 일자리가 생겼는데, 그중 3분의 2(64퍼센트)는 1997~2001년에 이루어진 것이다.'[3] 성장 회복 등의 경제 정세와, 같은 시기에 추진된 다양한 일자리 정책들(예를 들어 기존 저임금에 대한 사회보장 분담금 경감, 로비엥 법과 오브리 법 1의 부양책, 청년 일자리 등)

의 효과는 분간하기 어렵다. 하지만 노동량의 분배를 불합리하게 여기고 노동시간 단축이 일자리 창출과는 전혀 무관하다고 주장하며 이를 완강히 반대하는 경제학자들과는 반대로, 사람들은 국가에는 전혀 다른 방법으로 분류할 수 있는 노동시간이 항상 존재한다는 생각을 지지할 것이다. 물론 단지 경제적 측면만 고려한 분배뿐만 아니라 기타의 형태, 예를 들어 가정 내 역할 분담 같은 유형에 따른 문화적 고려(노동, 휴식, 사회생활 등에 주어진 시간), 정치적이고 사회적인 고려(법의 역할, 직업안정협정에 따른 차이 등) 등에 신경을 쓰면서 말이다.

　몇몇 연구자들은 노동시간 단축 과정에 기인한 수많은 일자리 창출을 부정하기는커녕 이 과정의 눈덩이 효과(지극히 케인스적인 활력을 유지하면서 경제조직과 활동에 원동력을 부여한 사회보장 분담금과 세금의 징수)와 신용회복, 그리고 2000년대 초 프랑스 사회가 누렸음직한, 베이비붐이 당당히 증명하는 번영을 주장하며 주저 없이 노동시간 단축 과정과 신규 일자리 200만 개 사이의 연관성을 확립하고 있다.

노동시간 단축은 '프랑스의 경쟁력을 가로막지 않았다'

　흔히 말하듯이 이 정책은 너무 많은 비용이 소요돼 프랑스 경제를 마비시켰을까? 이렇게 주장하는 이들은 저임금에 대한 사회보장 분담금의 일반 경감 정책(특히 에두아르 발라뒤르 정부에서 1993년부터 실행된 정책) 비용과 노동시간 단축 비용을 종종 혼동한다. 물론 이 모두에는 상당한 비용이 든다. 하지만 노동시간 단축에 지출되는 비용만 고려하면 종합평가는 훨씬 더 흥미로워지고, 에리크 에이어가 주장하듯이 노동시간 단축은 '비용이 덜 드는 일자리 정책 수단 중 하나'[4]로 나타난다. 왜 *그*런가? 노동시간 단축에만 지출되는 사회보장 분담금 경감 비용은 매년 125억 유로에 달한다. 하지만 이로 인한 일자리 창출은 40억 유로의 사회보장 분담금과 37억 유로의 세무 분담금 추가징수를 이끌어냈고, 실업 보상 수당에선 18억 유로의 감축을 얻어냈는데, 이는 35만 개 일자리 창출에 드는 순 비용 30억 유로에 해당한다(일자리 하나당 9,000유로). 결국 노동시간 단축으로 '1970년대 이후 실행된 보다 효과적이고 비용이 덜 드는 일자리 정책'[5]을 이끌어낸 것이다. 또한 서명이 이루어지지 않아 기업의 고용계약이 이행되지 않았던 '경쟁력과 일자리를 위한 세액공제[CICE]' 같은, 일반 조치로 창출된 일자리에 관한 의무보상을 포함하는 사회보장 분담금 감축 조치의 우수함도 눈여겨볼 필요가 있다.

그렇다면 노동시간 단축은 이를 비방하는 이들의 주장처럼 프랑스의 경쟁력을 마비시켰는가? 지금까지의 분석은 여전히 이와는 반대 입장을 보인다. 에리크 에이어는 "35시간으로 줄어드는 것과 관련된 시간당 임금의 증가는 시간당 노동생산성을 증가시키고 추가시간에 대한 지불을 폐지하는 일시적 편성인 임금 삭감으로 상쇄됐다. 그리고 결국 국가지원은 사회보장 분담금 감축 형태로 충격을 완화했다"[6]고 설명한다. Dares의 연구는 '2000년까지는 노동시간이 35시간으로 줄어든 임금 노동자의 4분의 3은 임금 삭감에 연관된 반면, 2000년 이후 35시간으로 줄어든 임금 노동자의 절반은 이러한 임금 감축이 예상됐던 기업에서 평균 23개월간 일했다'[7]라고 강조했다. INSEE 소장 역시도 "생산성 발전에 연관된 임금 비용은 안정적으로 보인다"[8]는 점을 지적한다.

노동시간 단축은 노동 가치를 훼손하지 않았다

우리가 흔히 들어온 것처럼 노동시간 단축은 '노동 가치의 훼손'으로 이어졌는가? 즉, 프랑스인들은 갑자기 노동에서 마음이 멀어졌는가? 우리가 보유한 모든 조사 결과는 반대 입장을 증명한다. 2008년과 마찬가지로 1999년 프랑스인들은 노동이 자신의 삶에서, 그리고 생활조건연구소^{Credoc}의 '노동 가치 범위에서의 여가 모임' 연구가 지적하듯이, 모든 일자리의 범주 내에서 '매우 중요하다'고 답한 비율이 유럽 국가 중 가장 높다(독일 48퍼센트, 영국 45퍼센트인 것에 비해 프랑스는 67퍼센트). 프랑스인들은 게으르며 불행의 원인을 특유의 여가 선호에서 찾으려 한다는 생각과는 반대로, Credoc 연구는 '여가 및 인간적 삶에 제공된 장소는 물론 지난 20년간 증가했지만 독일, 영국 등 프랑스와 비교되는 부유한 국가들 수준엔 미치지 못하는데, 이는 가용할 여가시간, 여가와 문화에 할당된 예산, 국민의 열망 혹은 실행방법에 관계된 문제. 프랑스는 오히려 사회에 대한 임무와 동시에 개인의 성숙 수단으로 여겨지는 직업 영역에서의 과잉 투자 면에서 다른 국가들과 구분된다'는 점을 강조한다. 이 연구는 우리 저자 중 도미니크가 이끌어낸 결론에[9] 동의한다. 즉, 일자리를 보다 바람직한 것으로 여기게 하는 매우 높은 실업률, 그리고 특히 자아실현의 의미에서 일자리에 대한 기대 때문에, 프랑스인은 여가보다 일자리를 훨씬 더 중요시한다는 저서의 내용을 인정한 것이다.

결국 노동시간 단축은 일자리를 창출했고, 경쟁력을 저하시키지 않았고, 노동 가치를 훼손하지 않았으며, 협상과 모든 수준, 즉 업종과 기업에서의 사회적 대화에 활력을 불어넣었고, 임금 노동자 대표와 고용주가 노동조직의 중요한 문제를 검토할 수 있게 했다. 하지만 물론 그 영광스러운 칭호를 훼손하는 것은 아니지만, 노동시간 단축은 프랑스 사회에 매우 결정적인 또 다른 과정을 개입시켰다. 즉, 직업평등을 크게 방해하는 요소들을 걷어내는 데 필요한 남녀의 직업적, 가정적 투자의 균형회복이라는 과정 말이다.

노동시간 단축은 남녀 간 직업평등에 필수불가결한 조건이다

이는 주목을 받을 만하다. 일자리에서 남녀 간의 불평등은 오랫동안 지속되어왔기 때문이다. 여성들의 교육수준이 상당히 향상됐음에도 불구하고, 경제활동 비율과 고용률에 있어서는 여전히 남성에 미치지 못하고 있다. 여성 중 많은 수가 풀타임 근무를 하고(30퍼센트 이상), 스스로가 '선택한' 것이든 어쩔 수 없이 '선택된' 것이든 이 풀타임 근무는 '유리 천장'(여성이 다다를 수 없는 최고 위치)의 중요한 요소를 구성하며, 임금 불평등 현상은 여전히 강하게 나타나고 있다(일자리 전체를 고려하면 26퍼센트, 풀타임 일자리만을 고려하면 19퍼센트). 고용, 승진, 임금 인상 등의 다양한 경력 단계에서 여성에게 불리하게 작용하는 차별은 대개 집안과 가정생활의 임무가 주로 여성의 것임을 당연시하는 태도에 기인한다. 많은 저서들이 이런 활동에 관한 아버지와 어머니의 매우 불평등한 물질적 투자를 강조했다. 전반적으로 여성은 남성보다 훨씬 더 많은 시간을 가사에 할애하고(30년간에 걸쳐 가사에 할애하는 시간이 감소한 것은 여성들의 훌륭한 체질 덕분이지, 남성들이 가사 시간에 투자를 늘려주어서가 아니다), 실제로 남성들보다 손님 접대와 학교에 다니는 아이들에 더 많이 종속돼 있으며(조사에 의하면 아침마다 아이의 옷을 입히고, 아플 때 간호하고, 밤마다 숙제를 돕는 쪽은 여성이다), 그리고 안타깝게도 이로 인해 경력 단절을 감내해야 한다. 국립인구문제연구소[Ined]의 주목할 만한 연구[10]는 여성의 40퍼센트가 출산으로 인해 경제활동이 변화된 반면(활동 중단 혹은 감소, 부서 이동 등), 이 경우에 해당하는 남성은 6퍼센트에 불과했다. 집 안에서의 활동과 가정활동을 보다 균형 있게 분배하는(즉, 남성의 일시적 투입을 늘리는), 따라서 여성의 일자리를 남성의 일자리만큼 유지하고 늘리는 문제는 매우 중요하다. 노동시간 단축을 주장하는 사람들이 지금까지 이런 논거를 진정으로 제시한 적이 전혀 없었다 해도, 남성의 노동시간은 단축하고 여성의 노동시간은 증가시키는 풀타임 노동 규범의 축소는 노동시장에서 여성의 지위를 향상시키는 요소인데, 이는 사실상 여성에게 적용되는 파트타임 근무의 확장보다 훨씬 더 분명한 방법이다(파트타임을 늘리는 것은 오히려 작업에서의 불평등을 강화하는 데 기여한다). 게다가 풀타임 근무 규범의 축소는 파트타임 근무의 확장을 멈추게 했을 뿐만 아니라 풀타임 근무의 불안정한 부분을 '제거하는' 역할을 했다.

우리가 이용한 조사[11]는 협상이 제대로 이루어지고 준법정신이 지켜졌을 때 노동시간 단축 과정은 많은 경우에 있어 남성이 부모로서의 활동에 투자하는 시간을 늘리는 역할을 했음을 보여준다. '노동시간 단축과 생활양식'에 관한 조사[12]는 이처럼 휴식을 제외한 자유시간의 주요 활용 중 하나가 아이들과의 활동이었다는 점을 강조했다. 피질문자의 3분의 1은 노동시간 단축 이후 일과 가정생활의 양립이 보다 수월해졌다고 답했다. 12세 이하 자녀가 있는 부모들은 이 질문에 절반 이상이(남자 52퍼센트, 여자 63퍼센트) 노동시간 단축 이후 아이들과 보다 많은 시간을 보낸다고 답했다. 그중에서도 특히 학업에 관한 시간에 많은 시간을 투자했다. 12세 이하의 자녀를 둔 남성의 32퍼센트(이는 여성들의 경우도 마찬가지다)는 숙제를 돕고 학교 선생님을 만나는 등 아이의 학업에 보다 많은 시간을 할애한다고 답했다. 결론적으로 매우 중요한 결과가 나타났다. 노동시간 단축에 따른 자유시간은 남성들이 아이들과 함께 시간을 보내는 데 충분히 활용됐고, 그만큼 여성이 일하는 시간이 더 증가하거나(풀타임 근무) 고정됐다(노동시간 단축 없이). 이는 마치 당연히 여성의 역할로 여겨지는 활동에 성자들이 강제로 시간을 투자하는 것처럼 보였다.

이런 상황은 오브리 법 1 제도 아래 노동시간 단축을 경험한 풀타임 임금 노동자들에게서 관측됐다. 그들은 몇 년간 무난히 진행돼온 노동시간 단축 과정이 남녀 간의 불평등 원동력을 없앨 수 있는 방법을 강조한다. 질문에 응답한 임금 노동자들의 만족감이 가정에서 보내는 시간이 부족하다는 생각과 밀접하게 연관돼 있음은 그리 놀랍지 않다. 실제로 '노동시간 단축과 생활양식' 조사 덕분에, 임금 노동자의 약 60퍼센트가 노동시간 단축으로 작업과 일상이 전반적으로 개선됐다고 답했고, 13퍼센트는 반대로 악화됐다고 했으며, 28퍼센트는 아무것도 바뀐 것이 없다고 대답했다. 가장 만족감을 드러낸 사람들은 12세 이하의 자녀를 둔 부모들과 노동시간 단축으로 얻은 시간을 가족(배우자와 아이들)에게 할애할 수 있게 된 사람들이었다.

노동 조건에 관한 노동시간 단축의 양면적 효과

노동시간 단축 과정에서 장점만 있었던 것은 아니었음을 인정해야 한다. 실제로 몇몇 문제가 발생했고 논쟁을 불러일으켰는데, 그 첫 번째가 유연성에 관한 문제다. 노동시간 단축 과정은 고용주에게 너무 많은 편의를 제공해 노동을 보다 유연하게 하지 못하는 방향으로 흘러갔다는 비난을 받았다. 1982년 39시간으로 단축된 이후, 다음의 노동시간 단축 단계에서는 유연성과 노동 개편에 관한 보상을 요구할 거라는 생각이 널리 피졌다. 1982년 이후 행정명령은 업종과 기업 수준에서 법에 저촉되는 노동시간의 조정 형태를 협상할 여지를 남겨두었다. 연간 공동 노동시간의 조정은 주당 공동 노동시간 결정 규정과 추가시간 제도에 위배되었다. 1998년 노동시간 단축은 기업 혹은 기관 수준에서 노동현장을 최대한 고려하기 위한 노동 개편의 보상으로 제시됐다. 이런 수준에서 많은 협정들이 서명됐는데, 여기엔 국가계획을 대표하는 노동조합 단체가 '위임한' 임금 노동자들이 서명한 협정도 포함되었다(2000년 이전 10개 가운데 7개 협정이 이런 방식으로 서명됐다).

조사 결과는 미시경제학 차원에서 임금 노동자들의 절반 이상이 노동시간 단축에 따른 조정에 연루됐다는 점을 강조했다. 한 전공논문[13]은 조정의 폭을 기간에 일치시키면서 임금 노동자들의 노동시간을 공동으로 단축하는 조정을 도입함으로써, 혹은 경제활동의 다양성에 관계된 고용주의 제안에 따라 공동으로 결정되는 조정 형태에 '노동시간 단축 일수'를 도입함으로써, 35시간 노동이 유연성의 증가라고 할 수 있는 1년 주기와 함께했던 방법을 명확히 했다. 카트린느-블로흐 런던, 뮈리엘 로제, 필리프 아스케나지가 간단히 요약했듯이, '오브리 법은 기술적이고 경쟁적인 필요에 따라 프랑스 (대)기업 조직이 생산 유연성에 적응하는 수단으로 해석될 수 있다.'[14]

이미 이야기했던 2001년 오브리법 2 이전에 노동시간 단축을 경험한 임금 노동자에게 실시한 '노동시간 단축과 생활양식' 조사를 보면, 노동자들은 법 의도와 정원의 증가, 협정 양식의 검토 여지, 선택적 이용을 지향하는 데 매우 중요한 '시간 묶음'의 해제, 보다 나은 노동시간 예측 가능성 등에 관한 협정 내용에 만족하고 있음을 분명히 알 수 있었다. 일상적인 삶이 전반적으로 개선됐다고 생각하는 임금 노동자는 정기적으로 반나절 혹은 한나절 혜택을 보거나 추가 휴가일 수 혜택을 볼 수 있는 이들이었다. 임금 노동자들의 4분의 1은 상담을 받지 않았고, 또 다른 4분의 1은 협정에서 예상한 것보다 실제 노동시간이 더 많았다고 답했으며, 6분의 1은 휴식제도의 변화를 경험했다. 조정은 특히 노동시간 단축이 주로 삶과 노동의 상황을 훼손했다는 생각으로 이어졌다. 노동시간 단축은 일상적인 단축보다는 대부분 정기적으로 한나절(혹은 반나절) 휴식 그리고/혹은 추가 휴가일수로 나타났다.

오브리 법 1 혹은 공격적인 로비엥 법* 제도에서 노동시간 단축을 경험한 임금 노동자들은 지원 혜택을 받지 못하는 기업(특히 고용의 의무 또는 노동시간 공제의 동일한 형태 유지의 의무가 없어서, 휴식을 통합하고 그럼으로써 노동시간 단축을 완화할 수 있었던 기업)에서 노동시간 단축을 경험한 노동자들보다 더 만족감을 느꼈다고 답했다.

노동시간 예측 가능성이 높아지면서 보다 불규칙적인 노동시간의 경우에도 만족감이 향상된 반면, 불안정한 노동시간은 노동시간 단축 효과에 관한 전반적인 견해의 가치를 떨어뜨렸다는 점 또한 사실로 밝혀졌다.[15] 하지만 몇몇 임금 노동자들은 2가지 면에서 노동시간 단축이 삶과 노동환경을 악화시켰다고 생각했다. 즉 임금 억제 및 임

---

* 로비엥 법 범위에서는 일자리 창출의 의지를 가늠할 때 기업들이 건강한 상태인가 아니면 어려운 상태인가에 따라 2가지 형태의 대책이 이용될 수 있었다.

노동시간 단축 평가와 실행 조건

	일상적인 삶			합계
	개선	훼손	변화 없음	
상담을 받은 임금 노동자	62.1	11.5	26.4	100.0
상담을 받지 않은 임금 노동자	50.3	16.7	33.0	100.0
예상 시간과 동일한 실제 노동시간	62.6	10.8	26.6	100.0
협정에서 예상한 시간보다 긴 노동시간	49.3	18.7	32.0	100.0
휴식의 변화	52.9	19.3	27.8	100.0
정원의 증가 없음	54.2	15.5	30.2	100.0
기피 일자리 제거	66.2	13.7	19.8	100.0
정원의 증가	63.8	10.2	26.1	100.0
임금 삭감	50.6	24.3	25.1	100.0
조정이 동반된 노동시간 단축	53.6	17.0	29.4	100.0
정기 휴가일수	70.7	9.5	19.7	100.0
합계	59.2	12.8	28.0	100.0

주: 협상 당시 상담을 받은 임금 노동자의 62.1퍼센트는 일상의 삶이 개선된 것을 경험했다.

출처: 노동시간 단축과 생활양식, MES-DARES

금 삭감, 그리고 노동 강화라는 측면이다. 이는 임금 삭감에 관한 앞의 표에서 확인할 수 있다. '노동시간 단축과 생활양식' 조사에 따르면, 임금 노동자 12퍼센트는 임금 삭감을 실제로 경험했는데, 이는 소극적인 로비엥 협정의 경우 특히 더했다. 설사 임금 삭감이 해고를 대신해 자주 실행됐다 할지라도, 이는 전반적으로 관련 임금 노동자들에게 부정적인 영향을 미쳤다. 기업들이 노동시간 단축 과정에서 비용을 덜 들이려고 함으로써, 이 기간 내내 강력한 임금 동결이 동반됐다. 게다가 추가시간 폐지가 점진적으로 더해졌는데, 일자리 창출과 그에 예상되는 비용의 상승으로 폐지 건수는 생각보다 적었다. 이 2가지 효과의 결합은 몇몇 임금 노동자들에게는 상당히 고통스러운 것이 될 수 있었다.

하지만 노동 강화의 문제는 어떤 면에서는 여전히 복잡한 문제다. 임금 억제와 마찬가지로 생산성 증가가 노동시간을 35시간으로 줄이는 데 재정적 지원이 된다는 것은 분명 예상할 수 있는 일이었다. 몇몇 기업에선 충분한 일자리 창출이 노동을 강화시키지 않았는데, 이는 이론적으로 가능하거나 예상했던 것보다 일자리를 덜 창출하고, 따라서 주로 임금 노동자들을 노동 개편에 연루시키지 않은 상태에서 예상보다 생산성을 크게 증가시켰던 다른 기업들과는 다른 경우였다. 이 문제에 관한 조사는 다음의 표에서처럼 오브리 법 1의 결과로 말하자면, 절반에 약간 못 미치는 임금 노동자들이 노동시간 단축이 아무것도 변화시키지 못했다고 생각하는 반면, 약 4분의 1은 그로 인해 노동환경이 취약해졌다고 답했고, 나머지 약 4분의 1은 개선됐다고 대답한 것을 볼 수 있다. 10명 중 4명은 동일한 작업을 하는 데 시간이 덜 든다고 대답한다. 마찬가지로 생산기일 혹은 엄격한 생산규범을 준수하는 임금 노동자의 22퍼센트는 기일보다 빠른 시간 안에 생산을 마쳤다. 다기능에 대한 요구가 증가하면서, 이는 임금 노동자의 절반 정도에 영향을 주었고 노동 강화와 빈번히 연결됐다. 노동 강화는 중간 단계의 직장인들, 특히 간부들에게 보다 자주 영향을 미쳤다.

노동환경에 대한 노동시간 단축 효과의 보다 정확한 개관을 2가지 다른 원인이 설명한다. 촉탁의들이 실행한 2003년 수메르Sumer 조사[16]에 따르면, 노동자들의 절반이 노동시간 단축이 노동환경을 개선했다고 평가했으며, 3분의 1은 아무것도 바꾸지 않았다고 평가했고, 7명 중 1명은 오히려 환경을 악화시켰다고 평가했다. 노동시간 단축의 혜택을 입은 임금 노동자들의 노동시간은 다른 노동자들의 노동시간보다 훨씬 더 유연하지만, 더 예상 가능한 것이다. 그들의 노동은 보다 강제적인 방법으로 편성돼 있지만, 그들은 물질적 압박을 덜 받는다. 게다가 이런 이들은 동료에게서 보다 많은 지원 혜택을 본다. 1978년 이후 임금 노동자들의 추출표본을 대상으로 Dares가 실시한 '노동환경' 조사는 1980년대 이후 노동환경이 지속적으로 악화되었음을 보여준다. 사실 이때는 상황이 안정됐던 시기다. 노동환경이 악화됐던 때는 정확히 1998~2005년, 즉 노동시간 단축이 정착된 시기라고 할 수 있다.

노동환경의 변화

	관련 임금 노동자들 백분율	노동환경의 변화		
		개선	변화 없음	악화
합계	100.0	26.4	45.6	28.0
노동의 다면성과 강화는 오히려 노동환경을 악화시키는 경향이 있다				
다기능 증가 강요	48.4	27.1	37.4	35.5
동일한 작업에 보다 적은 시간	41.9	20.7	34.9	44.4
작업에서의 스트레스 증가	31.7	11.8	24.5	63.7
새로운 작업 추가	22.5	20.9	32.2	46.9
덜 집중하는 작업	10.1	10.5	21.6	67.9
하지만 노동의 다면성과 강화는 어떤 임금 노동자들에게 긍정적인 것일 수 있다				
작업에 보다 잘 적응	25.6	42.4	35.0	22.6
작업에서 보다 자율적으로 행동	15.8	39.8	33.2	27.0
노동시간 단축이 효과를 증가시키면, 평가는 보다 긍정적으로 나타난다				
노동단위에 있어서의 정원의 상승	50.4	33.0	43.4	23.6

주: 요컨대 임금 노동자의 48.4퍼센트가 작업에서 보다 다기능적인 능력을 보여줘야 한다고 답했다.
이들 중 27.1퍼센트는 노동환경이 개선됐다고 답했고, 35.5퍼센트는 악화됐다고 응답했다.

출처: 노동환경과 생활양식, MES-DARES

병원에서의 노동시간 단축 효과

여기서 분명한 사실은 노동시간 단축이 병원에도 영향을 주었다는 것이다. 공적 기능 그리고 이에 따른 공적 의료기능 또한 노동시간 단축에 연관될 깃임은 1999년 말, 득히 로쉐^{Roché} 보고서에 따라 결정됐다. 전체 과정에서 예산 조정이 다소 불리한 쪽으로 흘러갔던 반면, 병원에서의 노동시간 단축 문제는 보다 심각한 문제점을 드러냈다. 실제로 이 과정은 채용의 어려움, 특히 남녀 간호사 채용 문제로 이미 극도로 민감한 상태여서 상황은 매우 예민한 시기로 접어들었다. 2001년 9월 27일, 비의료직원에 관한 첫 번째 의정서가 체결됐다. 2001년 10월 22일 체결된 두 번째 의정서는 특히 의료직원에 관계된 것이었다. 비의료직원을 겨냥한 의정서는 보건 및 사회의료 분야로 나뉜 비의료 분야에서 4만 5,000개의 일자리 창출을 예상했다. 공공의료 직원들에 관한 2006년 5월 보고서[17]에서 회계감사원은 발표된 일자리 수가 노동시간 단축으로 인한 자리를 상쇄하기에는 이미 부족하다는 점을 지적했다. 2002년 보건복지부가 의료기관에 실행한 조사는 풀타임 근무에 상당하는 3만 7,000개의 일자리 창출을 예상했지만, 임시직원 고용 그리고 임시근무와 추가시간을 줄이는 데는 어려움이 있었다. 다른 연구들은 이는 이미 고용된 직원 유형과는 다른 유형이라는 점을 지적했다. 로마녕 청문회에서 리오넬 조스팽은 "보다 많은 채용이 이루어지기 위해선 개혁을 늦추는 것이 좋을 것이다. 특히 의료직원들의 중압감이 상당하다. 우리는 이에 대한 대책을 세우지 못했고, 나는 그 점을 가장 후회하고 있다"고 고백했다. 노동환경에 관한 최근 조사가 증언하듯이, 이로 인해 노동환경은 몇몇 병원에서 매우 어려운 상태에 놓이게 됐다.[18] 공공의료 활동 직원들은 오늘날 물리적, 정신적, 조직적, 감정적 압박과 불규칙적인 노동시간으로 고충을 겪고 있으며 이는 업무 수행을 매우 힘들게 하고 있다.

가치충돌	합계	민간 업무	공공 업무	농업	건설	산업	상업과 운송	그 외의 업무	국가 공공업무	국토 공공업무	공공 의료업무
보다 많은 권리를 요하는 활동업무 (항상, 자주)	27.8	26.9	30.6	23.4	24.4	28.0	26.7	27.2	31.7	23.7	39.7
내가 인정하지 않는 업무 (항상, 자주)	9.8	9.9	9.5	8.0	9.5	9.6	11.0	9.5	9.1	9.6	10.5
잘못된 일에 지급심을 갖지 않는 경우 (항상, 자주)	32.6	31.8	35.4	22.6	25.4	35.4	32.2	31.3	37.5	32.3	36.2

출처: '노동환경' 조사, 2014년

35시간 근무에 대한 반격과 이념적 해체 계획

1997년 일자리에 관한 회의와 오브리 법 발표 이후 특히 기업들이 노동시간 단축이라는 기정사실에 '압박'을 느낀다며 35시간 근무를 규탄하는 반대가 시작됐다. 그러다가 2002년 집권당이 바뀌면서 재검토가 시작됐다. 피용^{Fillon}은 "2003년 1월 17일 법은 추가시간을 130시간에서 180시간으로 늘렸는데, 이는 기업이 원한다면 1년간 주당 추가시간을 조직적으로 4시간 증가시킬 수 있게 했고, 업종 또한 추가시간 할당량을 늘리는 협상을 할 수 있게 됐다"고 말했다. 이어서 연간 추가시간을 220시간으로 늘리는 법령이 발표될 예정이었던 동시에 2003년 법은 기업의 추가시간 비용을 줄였다. 20명 이하의 노동자들을 고용한 기업들은 실제로 추가시간을 37시간부터 계산했는데, 이렇게 되면 증가 비율은 10퍼센트에 불과했다. 그 외의 기업들은 지사와의 협정을 통해 증가 비율을 10~25퍼센트 수준에서 협상할 수 있었다. 게다가 오브리 법에 의해 도입된 고용주의 사회보장 분담금 경감 대책은 이후 노동시간과 분리됐는데, 주당 노동시간이 35시간을 넘든 그렇지 않든 모든 기업이 이에 관한 혜택을 볼 수 있었다. 35시간 제도가 끝난 것이 아니었다.

하지만 가장 특이한 사실은 35시간의 '비활성화'에도 불구하고, 프랑스의 모든 불행을 단지 이 대책 탓으로 돌리는 비판이 터져 나왔다는 것이다. 보다 이상한 점은 좌파가 이런 비난을 수용하고 이 대책의 유용성을 강력히 주장하지 않은 것처럼 모든 상황이 전개된 부분이다. 이런 대책을 지지했던 몇몇 경제학자가 자기주장을 표명하는 횟수는 점점 더 줄었는데, 이는 마치 노동 분배라는 생각 자체를 규탄하는 다수의 기존 경제학자들에게 동조함으로써(그들로선 어리석은 짓이다),

자신들이 소수파가 아님을 주장하려는 것 같았다. 이에 동조하는 일부 경제학자들(게다가 이 중 몇몇은 당당하게 사르코지를 공개 지지했다)은 임금을 삭감하고 절대적인 사회보장 분담금을 경감하며 장벽과 보호제도(해고, 채용인원의 차별적 제한, 직업규제 등)를 철폐하는 것이 더 낫다고 여겼다. 한편으론 35시간 근무의 잘못으로 선거에서 패배하고, 다른 한편으론 35시간 근무가 서민층의 삶을 악화시킬 거라는 생각이 넓게 확산됐다. 노동시간 단축의 혜택을 본 사람은 간부들이 유일했다.

특히 이런 견해는 2001년 이전에 노동시간 단축 과정을 경험한 임금 노동자들이 아니라, 간부와 중간 단계 직장인들의 만족을 보다 강조한 '노동시간 단축과 생활양식' 조사 결과에 근거한 것이다. 그럼에도 옆의 도표를 자세히 살펴보면, 사회직능별 범주에서의 백분율은 남성의 경우 큰 차이가 보이지 않는다. 인상적인 부분은 오히려 여성의 평가 차이(30포인트 이상)다. 우리는 몇몇 논문에서 다음의 방식으로 이를 설명했다. 풀타임 근무를 하는(표본 추출로 선정된) 여성 간부들은 시간이 부족한 상황이었으므로 노동시간 단축으로 보상받은 시간을 높이 평가했다. 이 여성 간부들은 대부분 아이가 있었다. 한편 표본 추출에서 제외된 여성, 특히 노동시간 단축에 거의 만족하지 못하는 여성들은 일반적으로 자녀가 없었고 매우 유동적인 자리에 있었는데, 유동성은 여전히 높은 상태였다. 또한 임금 동결과 가끔씩 행해지는 추가 시간 압박은 최저 수준의 임금 노동자들에게는 버티기 어려운 것이었음이 분명하다. 결국 일자리 창출과 이에 따른 정원의 증가, 그리고 최소 10퍼센트에 이르는 실제 노동시간의 단축을 천명한 오브리 법 1의 원래 조건을 준수하지 않음으로써, 몇몇 사람들에게는 노동이 강화됐고 더욱 큰 실망만 안겨주면서 노동시간의 불안정성이 증가했다.

성별과 사회직능별 일상적인 삶 개선(백분율)

성별	사회직능별 분류	일상생활		
		개선	악화	변화 없음
남자	간부	64.9	6.7	28.4
	중간 계층	57.1	13.4	29.3
	자격이 있는 자	56.5	14.3	29.2
	자격이 없는 자	57.2	15.4	27.4
	합계	58.4	12.7	28.9
여자	간부	72.5	8.0	19.5
	중간 계층	73.3	7.4	19.3
	자격이 있는 자	60.4	14.0	25.6
	자격이 없는 자	40.2	20.4	39.5
	합계	61.0	13.0	26.0
합계		59.2	12.8	28.0

주: 남성 간부의 64.9퍼센트는 노동시간 단축이 실행된 이후 일상적인 삶이 개선됐다는 사실을 인정했다.

출처: 노동시간 단축과 생활양식, MES-Dares

하지만 35시간 근무에 대한 규탄은 계속됐다. 니콜라 사르코지가 이용한 캠페인 중 하나는 노동시간 단축으로 인해 훼손될 '노동 가치'에 견줄 만한, 상대적으로 새로운 견해를 만드는 것이었다. 노동시간 단축은 노동은 그 어떤 가치도 없다는 것, 즉 그 자체로 비인간적임을 의미하는 것이었다. 세골렌 루아얄Ségolène Royal(중도좌파 성향의 프랑스 사회당 소속 정치인으로, 2007년 대통령 선거에서 우파인 니콜라 사르코지와 함께 유력후보로 출마했으나 패한 바 있음 - 편집자)은 사르코지와 같은 사고 논리를 나타내는 활동연대수당 정책 제시를 선호했으며, 사람들은 자발적으로 실업자 또는 최저 소득자가 되고, 보다 많은 금전적 이득을 얻으려고 일자리를 다시 찾는다는 사실, 즉 모든 경우에 있어 '더 많이 벌기 위해서는 더 많이 일해야 한다'는 사실을 주장하면서 이 정책을 적극 옹호하지 않았다. 다소 강한 어조로 노동시간 단축을 비난한다는 점에서, 그리고 '노동 가치'를 가장 옹호하는 사람에게 보다 높은 점수를 준다는 점에서 이 두 부분은 서로 의견이 일치했다. 노동시간 단축은 전혀 실업에 대항할 수 있는 정책으로 보이지 않았다. 이 정책의 실패가 일자리를 보다 많이 창출할 수 있었던 조건을 끝까지 준수하지 않은 것에 일부 원인이 있음에도 말이다.

니콜라 사르코지가 권력을 잡은 후 '보다 많이 벌기 위해 보다 많이 일하자'는 구호가 힘을 얻었다. 사람들은 생각의 방향을 바꾸었다. 2000년대 초 전체 경제인구에 대한 노동시간을 보다 잘 분배하기 위해 추가시간을 줄이려고 했음에도 사람들은 임금 노동자에게 다시 추가시간을 강요했는데, 이는 사실상 구매력을 높였지만 이전에 실행됐던 연대책임 논리와는 더 이상 부합하는 것이 아니었다.

사르코지의 5년 임기 초반 시범정책은 추가시간에 대한 면세였다. 이 대책은 고용 노동자가 20명 이하인 기업에게 추가시간당 1.5유로, 그리고 20명 이상을 고용한 기업에는 0.5유로의 기업주 부담 고정가격을 할인해주는 내용이 포함돼 있었다. 그리고 추가시간의 증가는 전체 기업의 최소 25퍼센트에 달했다. 임금 노동자에게 추가시간 명목으로 주어지는 보수에 대한 수익은 25퍼센트의 노동시간 증가 범위에서 세금이 면제됐다. 결국 일반사회보장세^{CSG}와 사회부채상환세^{CRDS} 그리고 모든 법적 분담금과 합의 분담금 총액에 해당하는 임금 부담금 또한 폐지됐다. 총 43억 유로의 연비용은 노동시간 단축 비용보다 많았다.

넘어야 할 단계가 하나 더 남아 있었다. 매우 의미 있는 대책이 취해졌던 반면, 2008년부터 이 단계는 상대적으로 조용히 넘어갔다. '사회민주주의 혁신과 노동시간 개혁을 지지하는' 법은 고정가격 계약의 범위를 크게 늘렸다. 이때까지 이런 합의는 지사에서 선결돼야 할 공동협정에 따라 권한이 주어질 때만 가능했다. 이후 이런 합의는 개인적으로 고정가격 협약 체결이 가능한 임금 노동자의 범위뿐만 아니라 고정가격이 설정되는 연간 노동시간을 결정하고 또한 협약의 주요 성격을 규정하는 기업이나 기관의 공동협정, 혹은 그렇지 못할 경우 업종의 협약이나 협정에 의해서도 가능해졌다. 시간 고정가격과 일수 고정가격은 물론 '업무 성격상 공동 노동시간을 따르지 않는' 간부에 대한 것이지만, '조직에서 자기 시간표를 자율적으로 이용하는 임금 노동자'에 대한 것이기도 하다. 이런 합의에 해당되는 임금 노동자는 '자신의 시간을 계산하지 않는' 독립적 노동자다. 실제로 이런 임금 노동자들은 일상적인 노동시간과 주당 최대 노동시간의 영향을 받지 않는다. Dares는 최근 간부의 절반 가까이가 총 근무일수에 주당 평균 46.6시간 일을 하고, 39퍼센트는 50시간 이상 일한다고 발표했다.[19] 이는 앞에서 인용한 메틀링 보고서가 이 '분야'의 노동에는 보다 많은 유연성이 필요할 것이라는 이유로 디지털 임금 노동자들에게 적용하길 바랐던 바로 그런 형태의 조치다.

노동시간 단축, 가능한 이야기

지금은 역사적 변화를 이루는 것이 시급하다. 하지만 방법이 문제다. 어떻게 일자리를 최대한으로 창출할 것인가? 주주들이 점점 더 타산적이고 유동적으로 변해가는(고객들도 마찬가지다) 세계화된 경제에서 점점 더 경쟁력을 갖춰가며 어떻게 노동시간을 단축할 것인가?

더 많은 일자리를 창출하려면 노동시간을 대폭 단축해야 한다. 기업이 개편될 때 실현 가능한 생산성 증가를 고려해보면, 단지 몇 시간만 줄여서는 미미한 일자리 창출 효과밖에 거두지 못하기 때문이다.

BSN-다논 창립자인 앙투안느 리부는 이미 1993년 9월에 "중간 단계 없이 4일 32시간 근무를 실시해야 한다. 이렇게 하면 기업들은 일자리를 창출할 수밖에 없을 것이다"라고 주장했다. 노동시간뿐만 아니라 노동일수를 줄이는 것은 모든 임금 노동자들이 변화의 혜택을 입을 수 있는 기본적인 사안이다. 여기엔 자기 시간을 제대로 계산하지 않고, 하루 일과가 끝나야 그 하루가 끝나는 것으로 알고 있는 남녀 임금 노동자들이 포함돼 있다. 그들은 하루 9~10시간 일하지만, 주당 5일이 아닌 4일을 근무하게 될 것이다.

노동일수를 줄인다는 것은 임금 노동자에게는 이동시간을 줄이고 노동에 관계된 부수비용(식사비용 등)을 줄이는 것이기도 한다. 노동일수의 감축은 일자리 창출효과를 극대화하는 길이다. 중소기업의 경우 임금 노동자가 주당 2시간씩 노동을 덜 한다 해도 일자리가 많이 생기지 않는다. 반면 각자가 1주에 하루를 더 쉰다면, 고객에게 동일한 생산량을 제공하기 위해 고용을 늘릴 수밖에 없게 된다.

'20퍼센트의 노동시간 단축'은 1995년 봄에 출간된 전국경제학박사협회^{Andese} 연구에서 결론지은 부분이기도 했다. Andese는 확실한 노동시간 단축을 '일자리 문제를 빠르고 확실하게 해결할 수 있는 유일한 대책'으로 평가했다.

150만~200만 개의 일자리 창출

노동시간 단축 실행은 기업의 경제적 이익에 부합하는 방향으로 진행돼야 한다. 따라서 노동시간 단축과 노동비용 절감은 연동돼야 한다. 이런 두 대책의 조합은 경제적으로 활력을 줌과 동시에 일자리 창출 대책을 신속하게 마련할 수 있을 것이다. 이 2가지 변화는 다음과 같다.

· 기업 평균 노동시간의 20퍼센트 단축
· 전 경제에 적용되는 세금 부담을 (노동시간 단축에 참여하는 기업에게) 10포인트 인하함으로써 150만~200만 개의 일자리를 창출할 수 있다

이 대책은 모든 당사자의 이익에 부합한다. 일자리 문제를 '빠르고 확실하게' 해결할 수 있는 유일한 길로 보이는 이 대책은 물론 교육과 같이 보다

근본적이거나 보다 장기적인 필수 조치들도 배제하지 않는다. 실업과 싸우기 위해서는 이런 모든 조치를 취해야 한다.

—Andese 백서, 1995년 5월

'20퍼센트 이상 단축'은 에두아르 발라뒤르의 요청에 의해 작성돼 1995년에 발표된 부아소나Boissonnat 보고서[1]의 주요 권고사항이기도 하다. 합의를 이끌어내기 위해 위원회는 매우 긴 일정표(1995년부터 2015년까지 20년간)를 제시했고, '20~25퍼센트의 노동시간 단축'을 권고했다.

Le Monde

Un rapport du Plan préconise une réduction de plus de 20% du temps de travail en vingt ans

La commission présidée par M. Boissonnat recommande « une réforme du droit du travail »

노동시간을 20년간 20퍼센트 이상 단축할 것을 권고하는 계획 보고서
부아소나가 주재한 위원회는 '노동법 개혁'을 권고한다

출처: 《르 몽드》, 1995년

4일 32시간 근무는 1995년 몽펠리에서 회의를 했던 CFDT 활동가들의 요구 사항이었다. 이는 벨기에 사회주의자들과 1997년 독일 노동조합들의 구호이기도 했다.

'독일에서 32시간에 대한 논쟁이 시작되다'

출처: 《리베라시옹》, 1997년 4월

확실한 노동시간 단축만이 진정으로 일자리를 창출할 수 있고, 일 이외의 삶의 질을 진정으로 향상시킬 수 있다. 20년 전에 권고됐던 사항이 실업 문제가 정점에 이른 지금까지도 이루어지지 않는 이유는 무엇인가?

일자리 창출에 대한 자금조달

생산비용을 올리지 않고 어떻게 4일 근무에 대한 자금을 조달할 것인가? 자금조달의 주요 근거는 Unédic 기금을 활성화하는 쪽을 생각해보는 것이다. 대폭적인 노동시간 단축으로 인한 일자리 효과의 첫 번째 수혜자는 국가와 지역공동체 이전에 실업기금이다. 플뢰리-미숑Fleury Michon, 마미 노바Mamie Nova, 모니크 라누Monique Ranou 그리고 이미 4일 근무를 채택한 모든 기업은 1990년대에 생산비용을 단 한 푼도 올리지 않고, 또한 최저임금에 손대지 않고도 10~15퍼센트의 새로운 CDI 일자리를 창출했다.

일자리 효과를 증가시키고 임금 노동자에게 주어지는 압박을 제한하기 위해서는, 물론 사회보장 분담금의 인하가 일자리 창출의 조건이 돼야 한다.

1. 실질적인 노동시간 단축 없이는 면세 혜택을 주지 않는다(노동시간, 휴식시간, 식사시간 등의 계산법을 바꾸지 않는 일정한 계산으로, 그리고 노동시간 단축을 과소평가하지 않는 방법으로).
2. 최소 10퍼센트의 CDI 고용이 없으면 면세 혜택을 주지 않는다. 이는 일자리 창출에 대한 대가 없이 세금을 인하했던 CICE의 실제 기능에 반대되는 것이다.

업종과 기업의 규모에 따라 자세히 설명하는 일반원칙은 다음과 같이 말할 수 있다. 즉, 실제 노동시간을 4일 32시간으로 단축하고 10퍼센트의 CDI 일자리를 창출한 기업에게 8퍼센트의 면세 혜택을 준다.

분담금: 10퍼센트의 CDI 고용이 있을 경우 8퍼센트 면세

(Unédic에서 6.4퍼센트 면세, 국가의 사회보장 보상으로 1.6퍼센트 면세)

임금: 임금 유지

일자리 창출: +10퍼센트

임금 총액의 균형

이미 4일 근무를 시행하고 있는 400개 기업들에서 이런 원칙이 마련됐다.

임금 동결(1년 혹은 2년간 임금이 상승하지 않는 것)은 자주 있었지만, 임금 삭감은 전혀 없었다. 하지만 그 대신 임금 노동자들은 이동 비용을 절약했고 삶의 질을 확실하게 끌어올렸으며 세금을 덜 낼 수 있었다.

다음의 표는 800명의 임금 노동자들을 고용하고 있는 기업의 4일 근무 채택 협정의 자금조달 내용을 보여준다. 모든 임금 노동자는 연평균 주 4일 근무를 하고, 기업은 이전과 같이 주당 6일을 가동했다. 그 어떤 노동자의 임금도 삭감되지 않았지만, 기업은 생산비용의 증가나 임금 감축도 없이 15퍼센트의 새로운 CDI 일자리를 창출했다.

표는 4일 32시간 근무를 도입함으로써 120개의 CDI 일자리를 창출했던 농산물가공 기업에서 실제로 협상된 사항을 복사한 것이다. 이 분야 대부분의 기업과 마찬가지로 대형 유통업체(카르푸Carrefour, 르클레르Leclerc 등)에서 생산물을 판매하고 있는 이 기업은 전혀 생산비용을 올릴 필요가 없었다.

연차	1	2	3	4	5	6	7	8	9	10	11	12	계
비용													
고용(+15퍼센트 CDI)	15	15	15	15	15	15	15	15	15	15	15	15	180
자금조달													
면세, 사회보장 부담금	10	8	8	8	8	8	8	8	0	0	0	0	58
임금 동결*	1	2	2	2	2	2	2	2	2	2	2	2	23
(8년차 이후)								10	10	10	10	10	
유발 부분			0.02	0.04	0.06	0.08	0.1	0.12	0.14	0.16	0.18	0.2	1.1
비연동화, 6/38		0.5	0.3	0.6	0.9	1.2	1.5	1.5	1.5	1.5	1.5	1.5	12
세틱수당**	0.5	0.5	0.5	0.5	0.5	0.5	0.5	0.5	0.5	0.5	0.5	0.5	6
유급휴가, 근속연수***	1.3	1.4	1.5	1.5	1.6	1.6	1.7	1.7	1.8	1.8	1.9	1.9	19.7
근속연수 수당	0.5	1	1.5	2	2.5	3	4	4.5	5	6	7	7.5	44.5
유발 부분			0.03	0.04	0.05	0.06	0.08	0.09	0.1	0.12	0.14	0.15	0.86
공동투자	1.25	1.25	1.3	1.3	1.4	1.4	1.5	1.5	1.5	1.5	1.6	1.6	17.1
합계	14.55	14.15	15.15	15.98	17.10	17.84	19.38	11.91	12.54	13.58	14.82	15.35	182.26
격차	-0.45	-0.8	0.15	0.98	2.01	2.84	4.38	-3.09	-2.46	-1.42	-0.18	0.35	2.26
준비금	-0.45	-1.3	-1.15	-0.17	1.84	4.68	9.06	5.97	3.51	2.09	1.91	2.26	2.26

언뜻 보기에 이 기업과 관계없는 사람은 이해하기 어려울 것 같지만, 실제로 들어다보면 쉽다.

- 첫 줄에는 연차가 표기돼 있다. 1년차, 2년차, 3년차……
- 그 다음 줄에는 일자리 창출이 표기돼 있다. 15퍼센트의 CDI 고용. 이 기간 동안 고용이 안정적으로 이루어지고 있다.
- 그 다음 줄은 면세 항목이다. 이 기업은 첫해 명목임금의 10퍼센트를 면세해주는 로비엥 법과 협상했다. 다음 6년간은 8퍼센트, 그 이후엔 면세 혜택이 없었다. 이런 신속하고 갑작스러운 종료는 우리가 제안하는 사항과 일치하지 않는다. 우리가 주장하는 바는 면세는 확정적으로 이루어져야 한다는 것이다.
- 다음의 (*)줄은 임금 노동자들이 수용한 임금 동결을 나타낸다. 임금 동결을 통해 이 기업은 임금의 2퍼센트를 절약한다.
- (**)줄은 그 기원이 작업복을 세탁하기 위해 집으로 가져갔던 때로 거슬러 올라가는 세탁수당 또한 임금 노동자들이 포기한 사실을 나타낸다. 오늘날 작업복은 회사에서 관리한다. 그 결과 이 기업은 0.5퍼센트의 명목임금을 절약하게 된다.
- (***)줄은 협정이 유급휴가 계산을 동결한 사실을 나타낸다. 이 부분에서 단체협약을 통해 휴가일수는 근속연수에 따라 정기적으로 조금씩 올라간다. 하지만 4일 근무를 채택함으로써 각자는 한꺼번에 40일의 휴가를 쓸 수 있었다. 그래서 협정은 '근속연수에 따른 유급휴가' 동결 대책을 법적으로 인정했다. 임금 노동자들이 소득상 손해보는 일은 전혀 없었지만, 이 조항을 계속 적용해야 하는 경쟁기업에 비해 4일 근무를 채택한 이 기업은

첫해에 약 1.3퍼센트의 성장을 이루었다.

· 또 한 가지 주목할 부분은 표 맨 아랫부분으로 교육 공동투자 협상이다. 좋은 환경에서의 4일 근무를 채택하기 위해, 노동자의 다기능을 향상시키기 위한 대규모 계획이 실행됐다. 임금 노동자들은 휴식시간에 교육의 일부를 받는 것을 허락했다. 노동시간 단축으로 각자에게 주어진 40일 중 며칠은 교육에 쓰일 수 있었다. 노동시간 단축으로 노동자는 잃는 게 아무것도 없지만, 이 기업은 얻는 것이 많다. 이익분은 임금 총액의 1.25퍼센트로 추정된다.

주당 4일 근무를 채택함으로써 결국 이 기업은 생산비용을 한 푼도 올리지 않은 채, 그리고 임금 동결과 세탁수당 폐지 외에는 소득이 줄지 않은 채 120개의 CDI 일자리를 창출했다. 1주일에 하루를 더 쉼으로써 삶의 질을 확실히 높일 수 있었고, 이동비용과 식사비용을 절약할 수 있었다. 74퍼센트의 임금 노동자들이 4일 근무에 관한 의견조사에서 '찬성' 표를 던졌다.

이들 집단의 3개 기업은 면세 혜택이 중단됐음에도 불구하고 2016년에도 여전히 주 4일 근무를 고수하고 있음을 주목해봐야 한다. 일자리 창출이 지속되고 기업에 면세 혜택이 종결됐음에도 불구하고, 협정은 주 4일 근무와 일자리 창출을 존속시키기 위해 첫해에 얻은 이윤의 일부를 '저축하리라는' 것을 사실상 예상했다. 만약 기업이 판매비용과 판매가격을 상승시키지 않고 일자리 유지를 위해 '저축'을 할 수 있었다면, 이는 아마도 Medef 일부에서 얘기하는 것과는 달리, 노동시간 단축은 '경제적 착오'가 절대 아니라는 의미가 될 것이다.

그렇다면 오늘날은 어떤가?

2016년 4월 회의에서 CGT는 32시간에 관한 생각을 다시 제시했다. Medef 회장 피에르 가타즈는 곧바로 '이것은 미친 짓'이 될 거라고 설명했다. 우리는 그에게, 원한다면 이에 관해 토론할 것을 제안한다. 이념적 입장이 아닌 이 분야에서 혁신을 수용했던 기업들의 현실에 근거해서 말이다.

물론 그는 우리와 토론할 것이다. 오늘날 수백 개 기업이 4일 근무를 채택하고 있다. 잘 알려지지 않았다 해도 이는 부인할 수 없는 사실인데, 이런 현상이 나타나기 시작한 것은 1990년대 말이었다. 1997~1999년에 가능했던 것이 오늘날에도 가능할까? 그렇다. 20년간 이어진 정부들이 (우리가 흔히 '사회보장 분담금의 경감'이라고 부르는) '세금부담 인하'를 확대했다 할지라도 그 내용에 있어서는 바뀐 것이 전혀 없다.

하지만 일자리를 창출하는 4일 근무 채택에 필요한 자금조달을 위해 우리가 제안하는 원칙은 여전히 유효하다. 우리는 사회자본, 즉 실업수당 총액을 포함하는 명목임금의 8퍼센트에 해당하는 면세와 국가가 보상하는 사회보장 분담금 중 명목임금의 1.6퍼센트 이상의 면세 활성화를 중시한다.

또한 필요하다면 책임조약으로 만들어진 자금의 일부분을 조건부로 이용하거나(총리는 일자리에 관한 경영자의 지원이 '만족스럽지 못하다'고 판단하고, 이에 동의하는 기업들에 대한 지원 가능성을 언급했다[*]), 혹은 2016년 1월부터 최저임금의 1.6배와 3.5배 사이에 포함된 임금에 시행된 가족분담금

---

[*] "이는 협박에 관한 문제가 아니라 단지 각자가 책임을 받아들이도록 하는 문제다. 우리는 일자리 창출에 대해 조사했다. 그리고 노동부 장관 미리암 엘 콤리와 함께 그 결과가 만족스럽지 못했고 지원은 준수되지 않았다는 점을 강조했다."

비율의 1.8포인트 경감을 통해 관련 임금 기준을 참조해 조달하거나 보충할 수 있다.

재편성과 관련된 초과비용을 고려하고, 실질임금의 삭감 없이 자금조달의 균형을 맞추기 위한 첫해의 면세는, 10퍼센트의 일자리 창출에도 불구하고 로비엥 법과 오브리 법에서와 마찬가지로 다소 높은 수준(명목임금의 10퍼센트)으로 나타난다.

2016~2017년 상황에서 협상 가능한 부분을 설명하기 위해 다음과 같은 가상 기업을 생각해보길 제안한다.

· 최저임금을 받는 노동자 20명. 4일 32시간 근무로 바뀌면서 노동자 정원이 23명으로 증가
· 월 1,700유로를 받는 노동자 20명. 정원이 22명으로 증가
· 월 2,400유로를 받는 중간간부 20명. 정원이 22명으로 증가
· 월 평균 3,845유로의 고정급여를 받는 간부 5명. 정원이 5.5명으로 증가
· 2만 7,000유로에 해당하는 추가시간 양(모든 정원에 대한 1년치 총 세금 부담 비용)

결국 임금 노동자의 정원은 65명에서 72.5명으로 증가하게 되는데, 임금 총액이 1.4퍼센트 증가하는 것에 비해 고용은 10퍼센트보다 약간 높은 증가세를 보인다. 또한 노동자 20명이 추가시간을 유지하는 것을 전제로 하는, 따라서 32시간 근무가 절대 소득 저하로 이어지지 않는(소득은 추가시간으로 얻어지는 것이 아니다) 다른 형태를 고려해볼 수 있다. 이 경우 노동자에게 만들어지는 자리는 3개가 아닌 2개다.

35시간에서 32시간으로의 단축과 이에 따른 총 근무일수의 감소에 관한 모의실험

노동시간과 보수	연간 실질임금	연간 명목임금	사용자 부담금	파업 대책에의 의한 면세	바뀐 임금	CICE의 상환	바뀐 실질임금	4일 근무로 바뀌기 전 총 임금 비용	4일 근무로 바뀐 이후 총 임금 비용	4일 근무로 바뀌기 전 정원	4일 근무로 바뀐 이후 정원
최저임금	**13,536**	**17,600**	**7,393**	**5,053**	**19,940**	**1,056**	**18,884**	**377,680**	**434,332**	최저임금 노동자 20명의 유급 추가시간이 25퍼센트 증가하는 것은 풀타임 근무 하나와 같다	추가시간의 유급이 없이 최저임금을 받는 노동자 23명
1년간 추가시간이 25퍼센트 증가하는 것은 풀타임 근무 하나와 같다	13,536	17,600	7,393	5,053	19,940	1,056	18,884	396,564	더 많은 추가시간		
Unédic 분담금 없이 그리고 임금 노동자 분담금 1.6퍼센트를 인하한 상태에서의 32시간	13,550	16,750	7,029	5,409	18,370	1,005	17,365		399,395		
월 1,710유로의 임금	**16,398**	**20,250**	**10,938**	**3,568**	**27,620**	**1,215**	**26,405**	**528,100**	**580,910**	피고용자 20명	피고용자 22명
Unédic 분담금 없이 32시간	16,400	19,301	9,652	4,198	24,755	1,158	23,597		519,134		
월 2,400유로의 임금	**21,534**	**28,800**	**15,951**	**390**	**44,751**	**1,728**	**43,023**	**860,460**	**946,506**	중간급부 20명	중간급부 22명
Unédic 분담금 없이 그리고 임금 노동자 분담금 1.6퍼센트를 인하한 상태에서의 32시간	21,535	27,346	14,050		41,006	1,641	39,365		866,030		
월 3,845유로의 임금	**34,632**	**46,140**	**24,504**		**70,646**		**70,646**	**353,230**	**388,553**	총 근무일수 적용을 받는 기부 5명	총 근무일수 적용을 받는 기부 5.5명
총 근무일수 감소	34,630	45,765	24,085		69,850		69,850		384,175		
합계								**2,138,354**	**2,168,734**	임금 노동자 65명	임금 노동자 72.5명

1.4퍼센트의 증가는 결코 거북한 문제가 아니다. 특히 사회보장 분담금의 추가 면세가 주어지는 첫해에는 더욱 그렇다. 따라서 '생각해볼 문제'가 미미하게 존재하거나, 극복해야 할 어려움이 전혀 없거나.

이런 가상의 협정을 만들어낸 것은 피용Fillon 면세, CICE 등에도 불구하고 4일 근무가 오늘날에도 여전히 가능하다는 것을 보여주기 위함이다. 액셀 프로그램을 이용한 이런 계산은 강력한 노동시간 단축의 실현 가능성을 입증할 수 있지만, 이것이 노동 조직과 내용에 관한 실질적인 협상을 절대 대신할 수 없다는 사실을 강조해야 한다. 피고용자 가운데 1명은 간부가 될까? 중간간부 중 1명은 고정가격 적용을 받게 될까? 여전히 추가시간이 필요한가? 등등에 관한 협상 말이다.

협상을 조화롭게 하기 위해 기업은 다른 비용 요소에 투자할 수 있을까? 전략을 보다 잘 실현시키고 고객에게 더 기여하는 데 도움되는 새로운 역량을 갖춘다면, 기업은 임금 총액을 얼마간 증가시킬 수 있을까? 400명의 선구자들과 협상했던 이들의 지성과 창의성 덕분에 문제의 답을 찾았던 것처럼, 이러한 모든 문제는 액셀 프로그램이 아닌 단지 답을 찾아가는 협상이라는 현실에서만 확인 가능하다.

10퍼센트 일자리 창출에 대한 8퍼센트의 면세. 그러면 임금 총액의 증가를 피하기 위해 2퍼센트의 차이가 남는다. 많은 기업이 해결책을 찾았는데, 이른바 양수기 역류효과라고 부르는 것이 그것이다. 신입 직원이 실질임금을 받고 이미 자리 잡은 임금 노동자와 같은 일정으로 일할지라도, 그는 근속연수 수당을 받지 못한다. 기존 직원과 신입 직원의 평균임금 차이는 (양수기 역류효과로) 흔히 2퍼센트 이상이 난다. 이것이 바로 경쟁 분야의 기업들이 면세가 8퍼센트밖에 되지 않는데도 비용을 올리거나 임금을 낮추지 않으면서 10퍼센트의 일자리를 창출해낸 배경이다.

중소기업도 주 4일 근무가 가능한가?

이 문제는 중요하다. 프랑스의 임금 노동자 중 50퍼센트가 직원 수 50명 이하인 기업에서 일하고 있어서다. 이런 소기업이 주 4일 근무를 채택할 수 없다면 이에 관해서는 이야기하지 않는 것이 낫다.

1993년 잡지 《뤼진 누벨l'Usine nouvelle》은 회사 자료실에서 주 6일 근무(일요일 휴무)에 관한 1906년 법과, 1일 8시간 근무 혹은 최초의 유급휴가와 '주 5일 근무'(40시간)에 관한 1936년 법에서 야기된 반응을 찾아냈다. 모든 경우에서 반대 이유는 똑같았다. '아마도 대기업들은 납득할 만한 인간적인 생각이지만, 이를 소기업들에 강요할 경우에는 매우 위험해진다.'* 이런 발표들은 오랜 동안 비난받았다. 하지만 이와는 반대로 현실에서 일요일 휴무, 주 5일 근무 혹은 유급휴가는 소기업들을 파산시키지 않았다.

마찬가지로 주 4일 근무는 소기업에서도 전적으로 가능한 것이다. 실제로 중소기업에서 대부분의 근무시간은 주 단위로든 연 단위로든 하루 노동시간 형태로 분할된다. 어떤 노동자가 다른 노동자에 비해 특별한 능력을 가진 경우, 정확한 분석을 해보면 이 유능한 노동자에게 전문가 수준의 일이 강요되지 않는다는 사실을 알 수 있다. 능력이 뛰어난 회계원을 예로 들어보자. 기업은 5일 중 하루 근무하는 이 회

---

* 경제학자 알프레드 소비Alfred Sauvy는 1일 8시간 근무에 관한 법 분석에서, 프랑스의 경우 각각의 노동시간 단축 단계에서 이와 동일한 장애요인이 나타난다고 빈정대는 투로 지적한다. "물론 이는 역사적 변화다. 하지만 노동시간을 단축하기에 좋은 시기는 아니다."

계원을 고용할 것인가? 그렇지 않다. 그 대신 노동자들의 주요 역할에 추가 업무를 실행하기 위해 기능과 역량을 강화시키는 내·외부 교육을 실시하는 것이 가능하다. 노동시간 단축으로 인한 공백 일수 동안 한 임금 노동자의 자리를 보좌함으로써 얻어지는 정보는 그만한 가치를 부여받게 되고, 이를 통해 각자의 자리는 활성화될 수 있다. 노동자는 업무상 가치부여 과정을 경험하면서 새로운 능력을 습득했음을 인지하게 된다.

다른 예를 들어보자. 소장, 고객응대 직원, 비서 등 각자의 업무를 수행하는 토지 정비 사무소에서 전문기술 자격증 소지자를 고용했다 하자. 이는 소장이나 고객응대 직원의 일을 얼마간 줄일 것이고, 이 사무소 직원 4명의 상호작용을 보다 원활하게 함으로써 회사에 새로운 능력과 활력을 제공하게 될 것이다.

창업자 외에 3명의 임금 노동자를 고용하고 있는 중소기업에서 소장은 각 분야를 살피고 상업적 업무와 경영을 관할하는 존재다. 자리 1(생산 작업)은 가장 유능한 자들이 차지하는 자리, 즉 부가가치가 가장 높고 '100퍼센트 가동되는' 중요한 자리다. 만약 기계가 고장 나거나 기계를 가동할 사람이 아무도 없다면, 생산량은 회복될 가능성이 없이 감소할 것이다. 자리 2(조립)와 자리 3(포장, 물품정리, 배송)은 대단한 능력이 필요 없고 보다 '적응'하기 쉬운 자리다. 다시 말해 주문에 맞추기 위해 1~2일간 작업 속도를 높인다거나 노동자를 2배로 늘리지 않아도 된다는 것이다.

기업 X의 현행 일정

	자리 1	자리 2	자리 3
월요일	J. 마르탱	R. 르페브르	L. 다 퐁트
화요일	J. 마르탱	R. 르페브르	L. 다 퐁트
수요일	J. 마르탱	R. 르페브르	L. 다 퐁트
목요일	J. 마르탱	R. 르페브르	L. 다 퐁트
금요일	J. 마르탱	R. 르페브르	L. 다 퐁트

현재 사리 1은 J. 마르탱이리는 임금 노동자만이 유지할 수 있다. 만약 그가 개인적인 사정이나 건강상의 이유 등으로 작업장을 닫는 날을 제외한 날에 결근한다면, 그를 대신할 사람은 고용주밖에 없다. 그러면 고용주는 거래 및 경영 등의 본업무를 포기해야 하는데 이는 기업 자체를 매우 혼란스럽게 만든다. 다른 해결책으로는 다른 사람을 고용하는 것이지만 마땅한 능력을 갖춘 사람을 찾는 데 1주일이 걸리고 그 사람을 실제 작업에 투입시키는 데는 3~4일이 더 걸린다. 이 기간 동안 작업은 멈추거나 제대로 이루어지지 않을 것이다.

주 4일 근무는 다른 임금 노동자(R. 르페브르)가 자리 1을 담당할 수 있도록 교육할 것이다. 세 번째 임금 노동자(L. 다 퐁트)는 조립작업을 할 수 있는 간단한 교육을 받고, 끝으로 네 번째 임금 노동자(T. 로베르)가 풀타임의 4분의 3에 해당되는 파트타임으로 고용된다. 우리는 제대로 된 삶을 누리지 못하고 부수적 소득만 강요하는 파트타임 일자

'주 4일 근무를 채택한' 후 기업 X의 일정

	자리 1	자리 2	자리 3
월요일	J. 마르탱	R. 르페브르	L. 다 퐁트
화요일	J. 마르탱	R. 르페브르	L. 다 퐁트
수요일	J. 마르탱	R. 르페브르	T. 로베르
목요일	J. 마르탱	L. 다 퐁트	T. 로베르
금요일	R. 르페브르	L. 다 퐁트	T. 로베르

리나, 자격 미달의 원인이 되는 다기능 직원을 늘리길 원하지 않는다. 이를 피하기 위한 해결책으로 고용주 단체 혹은 부아소나 보고서에서 업무협약이라 칭했던 것을 촉진하는 것이 그럴듯해 보인다(여러 후원자들이 함께 안정적인 풀타임 일자리를 창출하도록 하고, 조업 정지가 없는 상태에서 유동성을 부여하는 문제이므로 매우 타당한 해결책이다).

　고용주 단체는 한 명 혹은 몇 명의 임금 노동자들을 고용해 직원으로 활용할 목적으로 몇몇 기업이 모인 조직이다. 이 단체는 풀타임 노동자를 고용할 능력이 없는 기업의 노동자 수요를 충족시키는 것이 목적이다. 단체는 파트타임 노동자 혹은 계절 노동자에 대한 요청에서 풀타임 노동을 구성하기 위한 노동시간을 첨가한다. 그다음 이 직원을 협력업체에 제공한다. 현재 4만 명의 임금 노동자들이 이미 이런 조직에서 일하고 있는데, 이 조직들은 정부의 확실한 지원을 목표로 하고 있는 것이 틀림없다.

주 4일 근무의 장점은 많다.

· T. 로베르는 일자리를 구한다.
· 주 4일 근무는 두 피고용자(R. 르페브르와 L. 다 퐁트)가 자기 업무를
　충실하게 이행할 수 있는 계기가 될 것이다. 작업은 보다 다양
　해지고 덜 지루할 것이다.
· J. 마르탱과 R. 르페브르 사이에 존재하는 긴장은 사라질 것이다.
　R. 르페브르 자신도 '숭고한' 자리에 접근하게 되고, 제대로 만
　들어지지 않은 부품의 조립이 어렵거나 손질이 필요할 때 J. 마
　르탱이 이야기하는 생산작업의 어려움을 보다 잘 이해할 수 있
　기 때문이다.
· 끝으로 혹시 있을 수도 있는 J. 마르탱의 부재는 현재보다 덜 위
　험할 것이다. R. 르페브르가 당일부터 그 다음날까지 그를 대신
　할 수 있기 때문이다. 3명의 노동자들과의 협상을 통해 사장은
　공장을 평소처럼 가동시킬 수 있다. 기업은 이런 추가적인 유연
　성을 이용할 것이고 '배송이 늦어지는' 위험은 줄어들 것이다.

임금 노동자들은 이런 새로운 유연성을 2배로, 그리고 다음과 같
은 2가지 방법으로 이용할 것이다. 하나는 간접적인 방법이다. 보다
유연하고 수익성이 높은 기업은 일자리를 보장하고 상여금과 보상금
을 높이 책정해준다. 또 다른 하나는 직접적인 방법이다. 임금 노동자
가 이런저런 이유로 연간 휴가기간 이외에 하루나 이틀 정도 근무할
수 없을 경우, 동료와 함께 업무를 해결할 수 있고 사장은 이를 쉽게
수용할 수 있을 것이다. 또한 그들은 교육을 받고 미래의 작업을 준비

하는 데 보다 많은 시간을 이용할 것이다.

4일 근무 채택이 임금 노동자의 기대를 고려해 이루어진다면, 보다 다양한 작업에 수직적이기보다는 수평적인 기능을 통해 정보전달력과 생산성을 증진함으로써 자리의 공유가 가능한 다기능적인 조직을 만들 수 있다. 능력의 공유는 이미 몇몇 중소기업에서 시행되고 있는데, 여기엔 간부들도 포함된다. 시간분할 시스템 방식의 발전이 그 한 예다. 모든 부분이 점점 더 인정되고 받아들여지면서, 시간분할 시스템 방식은 오히려 인적자원, 마케팅 혹은 재무, 그리고 실용적인 자리와 같은 소위 기능적 자리를 지향해간다. 두 기업 간에 시간분할 시스템이 가능하다면, 한 기업에서 주 4일간 일하고 3일은 다른 일을 하는 것이 어찌 불가능하다 할 수 있겠는가?

간부들의 경우는?

그렇다면 주 4일 근무는 지도자급 간부들에게도 가능할까? 1993년 휴렛팩커드Hewlett Packard 사장 클레베 보빌랭은 "사람들은 앙투안느 리부의 선언을 지지하는 것이 꼭 필요하다는 걸 믿어 의심치 않는다. 나 또한 4일 근무를 채택했고, 회사가 매우 잘 돌아가고 있음을 인정한다"고 말했다.

2016년 Medef 지도자들은 이보다 더 적게 일하는 것은 불가능할 것이라고 말해왔다. 특히 간부들의 경우는 말이다. 하지만 그들 자신이, 사장이 줄곧 자리를 지키고 있지 않아도 그 기업은 잘 돌아갈 수 있다는 사실의 증거가 되고 있다. 피에르 가타즈가 Medef 회장으로 있으면서 다른 책임자들과 일할 때, 혹은 대통령궁이나 총리관저에서 '일자리 100만 개' 배지와 이에 관한 매우 애매한 설명 자료를 나누어 줄 때, 그는 라디알^{Radiall}에 있는 자기 사무실에서 일하지 않는다. 실제로 기업에서 보면 가타즈는 5일 중 3일만 일하는 것이다. 그리고 이것은 그의 기업이 번창하는 데 결코 방해가 되지 않는다.

1995년 파스퀴에^{Pasquier} 형제 중 한 명은 자신의 고급 브리오슈 제조기업의 모든 임금 노동자에게 4일 근무를 적용한 이후* "이는 충분히 가능한 이야기일 뿐만 아니라, 4일 근무를 채택한 이후 나 역시 회장의 업무를 보다 잘 수행하고 있다고 생각한다. 4일 근무 채택은 스스로의 임무를 생각하게끔 만들었다. 즉, 나는 무엇을 대표하는가? 사람들이 할 수 없는 것은 무엇인가? 나의 당면과제는 무엇인가? 등에 관해서 말이다. 그리고 나는 1주일에 하루는 자전거를 탔는데, 이는 많은 도움이 되었다. 운동선수들을 위한 브리오슈를 만들 생각을 했던 것도 바로 자전거를 타면서였다. 이후 만든 '피치^{Pitch}'는 빠른 시간에 매우 수익성이 높은 상품이 됐다. 주 5일 근무를 했더라면 그런 생각은 절대 하지 못했을 것이다. 어떤 직업에 종사하는 사람이든 뇌에는 산소가 공급돼야 한다. 주당 50시간씩 작업장에서 일하는 노동자들을 감시하는 것이 최고 경영자가 되는 데 꼭 필요한 것은 아니다"라고 말했다.

---

* 1995년 7월 13일, 파스퀴에 브리오슈 사는 자크 시라크 대통령의 방문을 받는 영광을 누렸다. 이 기업은 당시 4일 근무를 채택한 5개 기업 중 하나였다. 로비엥 법 이전에도 이 기업은 1993년 의결된 라셰-푸르카드^{Larcher-Fourcade} 수정안에 의해 주어지는 면세를 이용했다. 시라크를 광적으로 지지하는 한 사람은 많은 매체 앞에서 "파스퀴에 기업에서 이루어지는 일이 다른 기업에서 시행되지 못할 이유는 무엇인가?"라고 물었다. 훌륭한 질문이다.

하지만 특히 많은 간부들이 과로와 극도의 피로를 거론하면서 항의하는 현실적인 불만에도 관심을 기울여야 한다. 일부 간부들은 기력이 많이 떨어져 있다. 최근 Dares의 한 연구는 간부의 약 절반이 연고정가격 체제에서 일하고 있음을 상기시켰는데, 이는 이들이 1일 최대시간(10시간)과 1주 최대시간(48시간)뿐만 아니라 추가시간에 관련된 대책도 따르지 않는다는 사실과, 그들의 보수는 고정금액이지 실제 일한 시간에 따라 달라지는 것이 아님을 의미한다. 2010년, 시간제 임금 노동자들이 39시간을 일한 반면, 총 근무일수가 적용되는 임금 노동자들은 평균 약 45시간을 일했다. 같은 시기에 총 근무일수가 적용되는 간부의 39퍼센트는 일상적인 주당 노동시간이 50시간 혹은 그 이상이었다고 주장했다. 최근 60만 명 이상을 대상으로 한 중요 논문은[2] 노동시간과 뇌혈관장애AVC 사이에 연관이 있다는 사실을 강조했다. 이 논문에 의하면 주당 노동시간이 55시간을 넘으면 이 질환에 걸릴 확률이 33퍼센트 증가하는 것으로 나타났다. 프랑스의 경우 8.7퍼센트의 임금 노동자가 주 50시간 이상을 일한다.

따라서 간부들 또한 노동시간을 단축하고, 일당 고정가격과 시간당 고정가격 대책을 재검토하는 데 이런 개혁을 이용하도록 노력해야 한다. 간부들을 '안심시키기' 보다는, 즉 몇몇 보고서에서 권고하는 것처럼 이 대책을 훨씬 다수인 임금 노동자들에게 적용시키기 보다는, 노동시간대를 제한하고 노동 부담과 시간 외 근무 요구를 차단할 수 있는 진정한 권리를 보다 면밀히 점검하는 것이 시급하다. 간부들의 노동시간 단축을 통해, 지금 취업을 준비 중인, 원하는 일자리에 충분히 걸맞은 자격을 갖춘 능력 있는 모든 젊은이에게 새로운 일자리를 제공할 수 있다는 사실을 주목하자.

따라서 우리의 주장은 분명 간부에게도 해당된다. 총 근무일수 적용을 받는 노동자에겐 주당 최대 노동시간 상한을 정하고, 작업장 외의 곳에서 작업과 연결된 시간을 포함한 연속적인 주당 노동시간 시스템을 정착하는 것이 중요하다.

'선택식' 4일 근무

'주 4일'이라는 동일한 형태에서 각 직업, 각 기업, 각 업무에 맞는 서로 다른 노동편성을 협상하는 것이 가능하다. 대부분의 임금 노동자는 실제로 이전에 5일 또는 6일을 일했던 기업에서 4일을 근무할 수 있다. 다른 직종에서는 '5주에 1주 휴무'를 채택할 수도 있을 것이다. 아니면 한 주는 5일 근무, 다음 주는 3일 근무를 번갈아 시행할 수도 있다.

프랑스 북부에 있는 한 건설기업은 4일 근무를 채택했다. 대부분의 임금 노동자들이 실제로 주 4일 근무를 하면서 작업장 환경은 다르게 편성됐다. 각자는 자신에게 적당한 '5개 중 하나', 즉 5일 중 1일, 5주 중 1주, 5달 중 1달을 선택해야 한다.

샹베리 근처의 한 소프트웨어 기업에서 고객과 직접 접촉하는 전자상담 서비스를 맡은 임금 노동자들은 주 4일 근무를 하지만, 새로운 소프트웨어를 만들어내는 임금 노동자들은 오히려 5달에 1달을 휴가로 쓴다.

독일 폭스바겐에서 약 10만 명의 임금 노동자들이 주 4일 근무를 채택했을 때, 그들은 이를 70개가 넘는 구체적인 편성과 함께 실시했다(이 협정은 1993년 말에 협상됐다. 경영진은 3만 명 해고를 발표했고, 폭스바겐 주주인 정

주 4일 근무의 모든 가능성

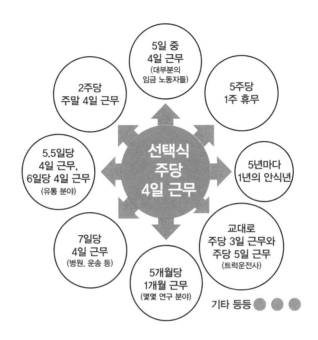

부는 이러한 일자리 말살 대책에 거부권을 행사했다. 그 결과 경영진은 정원 감축 대신 노동 시간을 단축하기로 결정했다). 조립 담당 노동자는 페인트 담당 노동자와는 전혀 다른 일을 한다. 배선 담당은 생산관리 담당과는 다른 일을 하지만 그들 모두는 평균적으로 주 4일(28.8시간)을 근무한다.

불안정성이 배제된 유연성

주당 4일 근무의 사회적 · 경제적 장점은 불확실성을 최대한으로 줄인 상태에서의 유연성의 증가다. 기업의 유연성 요구는 점점 더 커져간다. 이런 요구는 고객으로서 우리 각자가 점점 더 강하게 기대하는 것, 즉 업소 개점 시간의 연장, 상품 혹은 서비스의 개성화, 빠른 배송과 애프터서비스 등과 관련 있는 만큼 주주들의 요구(재고품 제로 등)에 따라 도입된 '새로운 경영 형태'와도 연관이 있다. 물론 이는 고객 서비스라는 이름으로 야간 혹은 일요일 근무를 일반화하는 문제가 아니라, 주당 시간과 개점일수의 유연성이 필요할 때 이를 적용하는 것에 관계된 문제다.

우리가 라 르두트^{La Redoute}에 셔츠를 하나 주문한다면, 디자인과 크기, 색상 면에서 마음에 쏙 드는 작은 셔츠를 24시간 혹은 48시간 안에 받아보길 원할 것이다. 당연한 기대다. 우리의 요구는 이런 의류제품을 생산하거나 작업장[3]에서 일하는 (여성이 거의 대부분인) 임금 노동자들에게 어떤 영향을 줄까? 주주와 고객들이 원하는 유연성을 임금 노동자의 삶의 안전과 질에 대한 요구에 어떻게 일치시킬 것인가? 우리가 소비자로서의 행동을 개혁할 능력이 없는 반면(그렇지만 이는 매우 바람직한 것이다), 노동시간 단축은 불확실성을 줄이면서 유연성을 증가시킨다.

푸아그라, 고기 조림 등 산지 제품을 생산하고 공급하는 농·식품 업체인 레 뒤크 드 가스코뉴^{Les Ducs de Gascogne}를 첫 번째 예로 들 수 있다. 이 기업은 1997년 4일 근무를 채택했다. 이때 맺어진 협정으로 14명의 CDI 노동자들이 고용됐다. 노동시간은 39시간에서 평균 33시간으로 단축됐다. 임금 노동자들은 실제로는 1년 중 대부분에 걸쳐 주당 4일에 32시간을 일한다. 그리고 고기 조림과 푸아그라 주문이 밀리는 크리스마스 전 2달간은 작업량을 소화하기 위해 주당 5일을 일한다.

임금 노동자들에게 불확실성은 전혀 존재하지 않는다. 그들은 삶의 질을 확실하게 높였고, 연대감을 가질 수 있었다고 자랑스럽게 얘기한다. 협상 덕분에 14명이 고용됐다. 이 기업은 4일 근무를 채택함으로써 동일한 임금 총액으로 보다 많은 사람들을 성수기에 투입할 수 있었다. 이렇게 함으로써 기업은 임시직, CDD 그리고 임시노동 없이 연말 축제기간을 넘길 수 있었다. 이는 사회적으로뿐만 아니라 기업에도 좋은 일이다. 미래를 확신하는 유능한 상근 임금 노동자들은 예전에는 몇 주만 고용됐던 CDD 노동자들보다 더 뛰어나기 때문이다. 따라서 기업을 이해하고 있는 노동자들 덕분에 노동편성이 제대로 시행되고, 이로 인해 임시로 고용된 노동자들이 쉽사리 굴복당

비축시간

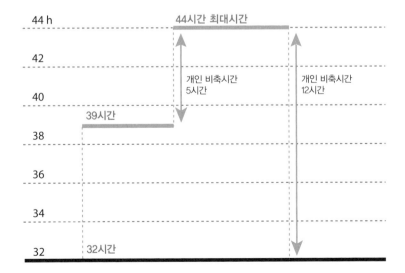

하는 노동증가라는 실제적인 위험을 피할 수 있다.

기업의 이익은 배가된다. 기업은 필요한 경우 동일한 임금 총액으로 보다 많은 노동자들을 현장에 투입시킨다. 각 임금 노동자에게 '유연성'은 보다 중요하다. 앞의 그래프에서 보듯이 39시간과 44시간(최대시간) 사이에는 개인 비축시간이 5시간밖에 없다. 반면 32시간과 44시간 사이에는 12시간이 존재한다. 따라서 보다 적은 평균 노동시간은 불확실성이 없는 상태에서 성수기를 보내는 데 유리하다. 이는 이 관계 자료의 역설 중 하나다. 노동시간을 단축할수록 유연성은 높아질 수 있기 때문이다.

두 번째 예는 기업이 4일 근무를 채택함으로써 실행할 수 있는, 불확실성 없는 유연성 증가를 설명할 수 있다. 이는 레 뒤크 드 가스코뉴보다 덜 매력적인 예지만 많은 중소기업에 영감을 줄 수 있을 것이다. 이 기업의 이름은 인피그Inpig다. 4일 근무를 채택하기 전 인피그에는 6명의 임금 노동자가 있었다. 협정이 체결된 후 7번째 노동자가 채용됐고 고객 서비스는 향상됐다.

인피그는 실제로 주당 노동시간에 대한 유연성이 필요했다. 포Pau 근처에 위치한 이 기업은 유전학 분야, 특히 이 지역 농부들이 자긍심을 갖고 있는 '장봉 드 바이욘느jambon de Bayonne' 생산을 위한 돼지 인공수정 관련 업무를 한다.

이 기업은 주말에는 문을 닫는다. 주말에 발정이 시작되는 모든 암퇘지들을 인공수정해야 해서 월요일과 화요일 이틀은 매우 분주하다. 4일 근무를 채택하기 전에는 이런 요구에 대응할 수 있는 기술자가 4명뿐이었다. 4일 근무를 채택한 이후 임금 총액은 그대로인 상태에서 5번째 전문기술자를 고용했는데, 이로 인해 기술진의 과학적 수준이 향상됐고, 연구 활동이 매우 활발하게 이루어지는 이틀간 투입되는 기술자들은 4명에서 5명으로 늘었다.

4명이 아니라 5명. 이는 더 나은 환경에서 고객 서비스를 25퍼센트 향상시킨다는 것을 의미한다. 그리고 임금 노동자들은 어떤 불확실성도 느끼지 않는다. 왜냐하면 그들 모두 CDI 상태에 있고, 매주 자신에게 적절한 노동시간 단축 휴무일을 누릴 수 있기 때문이다. 목요일을 선택한 2명은 매주 목요일 휴무를, 금요일을 선택한 이는 매주 3일간의 주말을 즐길 수 있다.

기술자 수	월요일	화요일	수요일	목요일	금요일
4일 근무 이전	4	4	4	4	4
4일 근무 이후	5	5	3	3	4

이런 주 단위 유연성은 많은 직종에서 관심을 가질 만하다. 은행을 예로 들면 특정일에 고객이 많이 몰리고 다른 날에는 한산한 상황이 자주 발생한다. 이는 고객이 특정일에만 몰리고 나머지 시간에는 그렇지 않은 대형 판매업체처럼, 생산업무가 2~3일간 과도하게 몰려 있고 나머지 시간은 여유 있는 주당 노동시간 단축의 경우에서도 마찬가지다.

2016년 정부가 발표한 노동법은 유연성 논의를 다시 불러일으켰는데, 이는 아마도 가장 나쁜 방법으로 나타난 듯했다. 유연성이 불확실성과 매우 동일시됐다는 인상과, 4일 근무 채택이 형식을 바꾸는 유일한 방법이라는 인상을 주었기 때문이다(정부는 논의가 시작되기도 전에 국회의원들에게 이 법을 의결하도록 강요하기 위해 49조 3항을 인정했다).

유연성에 관한 논의는 다룰 만한 가치가 더 많다. 노동시간의 확실한 단축을 협상한다는 것은 엘 콤리 법이 발전시키려 했던 외부적 유연성, 즉 쉬운 해고보다는 임금 노동자들과 회사에 의해 보다 잘 수용될 수 있는 내부적 유연성을 발전시키는 계기가 된다.

무엇보다 노동의 증가를 피하는 것이 중요하다. 우리는 2개의 오브리 법이 시행되는 동안, 특히 기업들이 지원을 요청하지 않고(따라서 규정을 순수하지 않은 채) 노동시간을 단축했던 오브리 법 1 영향력 아래, 그리고 더 이상 규정 준수를 강요하지 않았던 오브리 법 2 영향력 아래, 휴식시간을 없애고 충분한 인원을 뽑아주지 않은 탓에 생산성 증가가 가능한 상태에서 노동시간 단축은 그 정도가 형편없었다는 사실을 확인했다. 이런 과정은 물론 다시 답습해선 안 된다. 이는 일자리 창출을 강요함과 동시에(10퍼센트가 못 되면 어떤 면세 혜택도 주지 않는 것) 노동환경 문제를 실제로 담당하고 있는 당국, 특히 노동자권익보호단체CHSCT에 보다 많은 책임을 부여함으로써 가능하다. 노동계약 파기를 쉽게 만들고, 노동자들이 흡족할 수 없어 그들로부터 멀어지는 대책들이 점점 늘고 있다. 협정에 의한 파기는 이런 과정을 더욱 가속화시켰다. 이를 경험한 사람들에 관한 심도 깊은 조사를 통해 우리는 이 일이 얼마나 신속하게 진행됐는지를 확인할 수 있었다.

새로운 방향, 책임자의 교체 그리고 분발, 이것이 열쇠다. 계약 파기가 쉬우면 그날그날의 노동관계의 냉혹함은 증가한다. 이와는 반대로 외부 유연성을 내부 유연성으로 대체하고 노동환경 문제를 기업 안에서 대화의 중심에 놓는 독일처럼, 임금 노동자들을 가능한 한 오래 보호하고, 토론의 장을 만들고, 노동자 대표들이 노동환경과 노동자 관리를 말할 수 있게 해야 한다. 노동시간 단축 과정에서 노동 증가를 피할 수 있는 것 또한 노동자 대표들에게 주어진 새로운 권한 덕분이다.

노동 가치 상승, 교육 개선

4일 근무 채택은 노동의 가치를 높이는 것이기도 하다. 마미 노바Mamie Nova(요구르트, 코티지 치즈, 디저트 크림, 케이크 등 가공 농산물을 생산하는 회사-편집자)는 협정을 통해 임금을 낮추지 않고, 요구르트 가격을 한 푼도 올리지 않은 상태로 120개의 일자리를 창출했다. 모든 사람들이 4일 근무는 노동 가치를 상승시킨다고 생각한다. 공장장은 4일 근무 이후 업무 일부를 부공장장에게 넘겼고, 부공장장 또한 4일 근무를 채택하면서 고용한 다른 간부에게 업무 일부를 넘겼다. 이런 식으로 최하층 노동자들에게까지 업무가 이전되면서 그들의 노동 가치 또한 상승했다. 팀장은 1주일에 하루는 출근하지 않는다. 임금 노동자들은 팀장의 부재 상태에서 몇몇 결정을 내려야 한다. 따라서 그러한 상황에서 급한 주문에 대처할 능력을 갖추어야 한다. 전반적으로 4일 근무 채택은 각자의 노동을 다시 한 번 생각하게 하는 계기를 만들었고, 대부분 자리의 가치를 상승시켰다.

마미 노바의 4일 근무

브레스트Brest와 모를래Morlaix 사이에 위치한 쿱 이븐Coop Even은 원래 우유를 채취해 가공하는 업체다. 1997년 봄에 체결된 4일 근무(32시간 30분) 협정으로 120개의 CDI 일자리가 창출됐다.

쿱 이븐의 한 노동자는 "우리는 항상 조금씩 앞서나갔다. 1982년 이후부터 이미 주 32시간 근무를 해왔고, 로비엥 법이 의결됐을 때 경영진과 다수파 조합, CFDT는 4일 근무 채택 가능성을 생각했다. 사람들은 기업 전체를 위한 작업반과 기존의 조직을 '감사'하기 위한 단체를 배치했다. 그리고 새로운 편성, 능력 향상, 생산력 증가 실현, 필요한 고용 등을 함께 생각했다. 전체적으로 15퍼센트의 CDI 임금 노동자들을 더 고용했지만, 이것이 일괄적으로 이뤄진 것은 아니다. 어떤 분야에선 이보다 약간 더 고용하고, 다른 분야에선 조금 적게 고용하기도 했다.

4일 근무를 실행한 지 1년 후 200개의 일자리가 생겼다. 120개는 노동시간 단축과 직접 연관된 것이고, 80개는 수익 증가와 관련이 있다. 로비엥 법은 면세기간을 7년밖에 주지 않았지만, 이는 불특정기간 협정이었다.

자금조달은 기본적으로 일자리 창출의 대가로 법적으로 주어지는 면세에 의존했다. 첫해에는 10퍼센트, 그 다음부터는 8퍼센트의 면세. 임금 삭감은 없었고 단지 1년간 동결이 있었다. 임금 노동자들은 업무 분야의 단체협약에 속해 있던 세탁비용 또한 포기했다. 그들은 근속수당 '동결'도 받아들였다.

투표에 부쳐진 이 협정은 투표에 참가한 96퍼센트의 임금 노동자들

중 74퍼센트의 지지를 얻었다.

7년 기한이 만료된 2005년, 이에 관한 종합평가가 이루어졌다. 결과적으로 이것이 기업뿐만 아니라 노동자에게도 매우 긍정적인 효과를 가져왔다는 평가에, 결국 4일 32시간 30분 근무를 계속 이어나가기로 결정했다. 더 이상의 면세 혜택은 없었지만, 기업은 면세 혜택 종결의 충격을 완화하기 위해 협정을 통해 돈을 비축해둘 수 있었다.[*]

2009년 쿱 이븐이 브르타뉴 농부들의 생산품을 제조하고 판매하는 기업 아이타^{Aita}를 만들기 위해 다른 협동조합 2곳과 합병하면서 문제가 복잡해졌다. 쿱 이븐과 합병한 협동조합들은 4일 근무를 채택하지 않았고, 로비엥 법이 더 이상 적용되지 않으면서 새로운 그룹의 경영진은 노동시간을 35시간으로 정하고 싶어 했다. 동시에 쿱 이븐은 별개의 7개 기업으로 나뉘었다. 2016년 봄, 150명의 임금 노동자들을 재규합한 7개 기업 중 3개 기업은 여전히 4일 근무를 실행했다.

4일 근무는 임금 노동자의 삶을 많이 바꾸어놓았다. 5/2(5일 근무와 2일 휴무)에서 4/3으로 전환한 것은 매우 분명한 변화다. 협정이 실행된 지 몇 년 후 실행된 종합평가는 매우 긍정적이었다.

솔직히 말해 주 4일 근무가 모든 문제를 확실하게 해결해주는 것은 아니다. 모든 경제 체제에서 거론되는 노동 강화 또한 몇 년 전부터 우리

---

[*] 로비엥 법이 면세기간을 7년으로 제한한 것은 결코 정당하다 할 수 없지만, 이것은 확정적인 면세 혜택을 바라는(기업이 주 4일 근무를 채택하고 직원 수를 그대로 유지한다면, 면세 혜택을 중단할 이유가 궁색해진다), 그리고 노동시간 단축 혹은 단축 실험을 지지하는 대표자들과 이를 반대하고 노동시간 단축 실험이 제한적으로 끝나길 바라는 사람들 간의 협상 결과다. 우리 계획은 면제는 확정적이어야 한다는 것이다. 기업과 임금 노동자에게는 안정성이 필요하고 모든 것은 기업이 지속적인 일자리를 창출하는 방향으로 이루어져야 한다.

기업의 노동자들을 압박하기 시작했다. 대대적인 일자리 창출이 있었기 때문에, 노동이 강화된 것은 (고용은 거의 하지 않은 채 5시간 근무를 채택한 기업들과는 반대로) 4일 근무가 채택된 시점이 아니라, 10년 혹은 12년 후 면세 혜택이 사라진 상태에서 4일 근무를 지속하면서 점차적으로 강화됐다. 이런 강화는 주 4일 근무와 연관된 것이 아니지만(그리고 사람들은 주 5일 근무가 아닌 주 4일 근무에서의 노동 강화만을 지지한다), 노동 강화라는 면에서만 볼 때 주 4일 근무가 이런 문제를 해결하지는 못한다. 이것이 바로 조합들이 현재 노동에서 삶의 질에 관한 협정을 요구하는 이유다"라고 말한다.

이프레마에서는 4일 근무가 가능하다(그리고 이는 훌륭한 일이다)

안토니오 세바스티앵은 매주 수요일 집에 머무른다. 그는 휴식을 '취할 수 있는' 이날 아이들을 돌보거나 달리기를 한다. 예전에 종업원이던 이 전형적인 아버지는 현재 건설 폐기물을 재활용하는 기업인 이프레마 랭스 *Yprema Reims* 개발지역의 책임자다. 그는 파트타임 근무자가 아니다. 80퍼센트의 동료들과 마찬가지로 4일간 35시간을 일한다.

이프레마는 24년 전 설립됐다. 이 기업은 지속적인 개발정책에 참여해 2,200만 유로의 판매실적을 올렸다. 90명의 임금 노동자들을 고용하고 있고, 프랑스에 10여 개의 작은 개발지역을 운영한다.

사장인 클로드 프리정은 노동시간 분배에 관해 로비엥 법을 이용하기로 결정했다. 노동시간이 39시간에서 35시간으로 줄어듦으로써, 그는 1년에 14명의 노동자를 고용할 수 있게 됐고, 임금 노동자들의 수는 10여 년에 걸쳐 42명에서 90명으로 늘었다.

"나는 지금 일을 덜 한다"고 말하는 사장

그에 따르면 면세 혜택은 이런 정책을 과감하게 적용할 수 있는 수단이었다. 그는 우리에게 "나는 지금 일을 덜 한다. 내 기업은 지속적인 발전을 지향한다. 기업을 발전시키기 위해선 노동의 고통과 맞서 싸우는 것이 당연하다고 생각한다"고 말한다.

오늘날 임금 노동자들은 모두 35시간 체제를 따르고, 4일 노동 규정은 80퍼센트의 임금 노동자들에게 적용되고 있다. 추가적인 휴무일은 주로 노동자가 선택한다. 예를 들면 세바스티앵은 수요일을 택했고, 5년 전부터 본사 회계원으로 일하고 있는 장은 계약 당시부터 제안받은 목요일을 선택했다.

반면 몇몇 노동자들은 다른 선택을 했다. 이 기업의 인적자원부 부장인 수자나 멘데즈는 "월요일과 수요일, 금요일이 노동자들이 가장 선호하는 요일이다"라고 말한다. 이어 그녀는 "모두에게 '그렇게 하라'고 말할 수 없어서 우리는 어쩔 수 없이 몇몇에게는 월요일이나 목요일을 강요한다. 그렇게 하지 않으면 통제가 불가능하기 때문이다"라고 덧붙였다. 하지만 간부는 '피치 못할 개인 사정'이 있는 경우 자신의 뜻대로 선택할 수 있고, 선택된 요일은 언제든 수정이 가능했다.

골칫거리였던 공휴일과 징검다리 휴일

주 4일 근무가 실행되면서 몇몇 불협화음이 발생했다. 특히 공휴일과 징검다리 휴일 관리에서 이런 점이 두드러졌다. 수자나 멘데즈는 '골칫거리' 중 하나를 다음과 같이 규정한다. "몇몇 약삭빠른 사람들은 노동시간 단

축으로 얻은 날을 자신들의 휴가일 앞이나 뒤에 붙였다. 그렇게 하면 1주일을 내내 놀 수 있기 때문이다. 개발 계획은 많은 차질을 빚었고 결국 불가능해졌다."

따라서 조합과의 협정으로 노동시간 단축에 따른 공휴일을 사실상 변경하는 추가조항이 협상됐다. 이는 세바스티앵이 받아들이기에 어려운 문제는 아니었다. "우리가 공휴일 문제를 양보했던 건 사실이다. 하지만 우리는 여기 일하기 위해 있는 것이지, 주말여행을 떠나기 위해 있는 것이 아니라는 사실을 잊지 말아야 한다."

이프레마의 경우 주 4일 근무에 따른 임금 노동자들의 안락함 이외의 또다른 장점이 있었다. 로비엥 법 덕분에 10여 개 자리가 만들어지면서 모든 업무에서의 교체시스템이 쉽게 작동됐다. 곳곳의 빈자리를 메우기 위해 이 기업은 개발부서의 빈 곳을 메울 수 있는 다기능을 수행할 수 있는 자리를 선택했다. 빅토르 로페즈는 이런 형태로 라니쉬르마른느 ^{Lagny-sur-}Marne 지역에 고용된 첫 직원이었다. "일을 시작했을 때 나는 설치 기술자였다. 양탄자를 관리하고 타고 남은 석탄 찌꺼기를 선별했다. 그런데 이후 여러 업무를 수행하는 자리를 제안받고 몹시 당황했다. 소장 보좌관 자격으로 컴퓨터를 사용했을 뿐만 아니라(이는 나와 전혀 맞지 않는 일이었다), 트럭에 물건을 싣거나 기계를 닦는 일도 했다." 예전에 요리사였던 그는 무리한 업무 때문에 직장을 그만두고 지금은 1주에 한 번 예전의 바비큐 요리를 한다. "비가 와서 이번 목요일에는 닭고기를 먹었다."

'함께 일할' 의무

반면 사무실에서는 다기능 자리가 필요 없다. 기능은 2명 혹은 3명이 짝을 이루어 하는 것으로 재검토됐다. 각 직원은 필요한 경우 한 사람이 휴무일

때 그를 대신한다. 회계원 장 뒤퐁은 이렇게 요약한다. "무슨 일이 생기든 우리의 협상 상대는 우리의 짝이나 업무 소장을 통해 원하는 대답을 들을 수 있다."

수자나 멘데즈에 따르면 이런 기능은 '함께 일하는' 체제를 바꾸는 데 기여했다. "이는 임금 노동자들 간의 소통을 부추겼다. 그리고 서로에게서 배우는 것이 있어서, 스스로의 힘으로 승진하는 데 도움이 되기도 했다." 세바스티앵 안토니오 같은 이 기업의 많은 간부들은 이런 사회적 신분상 승을 이용했다. 그들은 이를 흔쾌히 인정한다.

"우리는 구글의 재교육 시스템을 따라한다"

이익 면에서도 이 기업은 순항을 계속했다. 교체시스템 덕분에 기계는 이전의 39시간에 비해 44시간 동안 가동되는데, 이는 이전보다 주당 5시간 더 가동되는 것이다. 클로드 프리징 사장은 "즉 1년에 평균 1달을 더 생산하는 것이나 마찬가지인데, 대단한 것이다"라고 평가한다. 매우 만족스러운 사장은 아무 결정도 하지 않는다. "우리는 구글의 재교육 시스템을 따라한다. 더 많이 휴식을 취한 우리 노동자들은 더 많은 능력을 발휘할 수 있으며, 따라서 일을 잘 처리한다. 이들이 바로 이 시스템이 잘 돌아간다는 증거다."

경제학자이자 주 32시간 근무의 열성 지지자인 피에르 라루튀르가 노동시간 단축은 실업률을 지속적으로 낮출 수 있는 해결책이라고 믿는다 해도, 주당 32시간 근무는 기업에서 아주 드물게, 그리고 중소기업에서는 보다 드물게 적용되고 있음에는 변함없다.

이프레마 사장의 비결은 "나는 4일 근무를 채택한 모든 기업을 회견하기 몇몇 사람들은 "주 4일 근무? 아마도 산업계에서는 시도해볼 수 있겠지만, 서비스업계라면 편성하기 매우 어려운 구조일 것이다"라고 말한다. 그들은 당장 주 4일 근무를 채택한 광고회사 아정스 베르트*Agence Verte* 혹은 보험회사 마시프*Macif*의 임금 노동자들을 만나봐야 한다.

7일 중 7일 영업, 24시간 중 24시간 영업, 하지만 주당 4일 근무…
마시프는 이를 보장한다

보험회사의 임금 노동자들은 민간 분야에서 분명 특권을 누리고 있는 듯하다. 7일 중 7일, 24시간 중 24시간 고객을 대하면서도, 마시프는 2006년 도급계약에서 확정된 특별한 법적 자격을 제공한다. 매우 드문 경우인 이 협약은 임금 노동자들이 단지 31시간 30분만 근무한다는 근거를 담고 있다. 간부들은 주당 35시간 근무하지만, 그들 또한 이 협약을 이용할 수 있다. 결과는 다음과 같다. 즉, 이런 노동시간의 차이를 보상하기 위해 노동시간 단축에 의한 22일이 주어지는 것이다. 따라서 간부들은 28일의 유급휴가와 함께 1년에 10주의 휴가를 사용하게 된다.

주당 31시간 30분[5] 근무를 하는, 간부가 아닌 일반 노동자들은 '단지' 26일의 유급휴가에 만족해야 한다.

—《챌린지스*Challenges*》, 2013년 10월 12일

4일 근무를 채택하면서 노동의 삶은 바뀌었다. 하지만 노동 외의

삶 또한 바뀌었다. 마미 노바의 경영진 간부는 "매주 하루를 더 쉼으로써 생활이 바뀌었다. 나는 아내와 함께 바다에서 카약을 즐기기 시작했다. 아이들이 생기고 난 후 지금까지 우리는 저녁과 주말에만 얼굴을 보았다. 우리는 아이들을 좋아하지만, 아이들 없이 하루를 온전히 아내와 함께 보낸다는 것은 좋은 일이다. 아내와 함께 혹은 친구들과 함께 말이다"라고 설명한다.

평생교육

오늘날 법적으로 규정된 4일 근무 채택은, 몇몇 기업에서는 실행이 복잡한 권리를 사실상 빼앗긴 사람들이 쉽게 전문교육을 받을 수 있는 기회다. 오를레앙에서 있었던 공개 토론 끝마무리에서 한 노동자는 "나는 주 4일 근무를 지지한다. 그렇게 되면 사장 승인이 없어도 교육을 받을 수 있을 것이다. 나는 중소기업에서 20년간 일했다. 교육을 받게 해달라고 요구할 때마다 사장은 알겠다고 하면서도 당분간은 어려울 것이라고 했다. 이런 기업에서 일하는 것은 결코 즐겁지 않다. 그 결과 나는 20년간 책을 보지 않았고, 따라서 20년간 교육수준 역시 향상되지 않았다. 만약 기업이 곤경에 처하게 돼 해고된다면, 장기 실업 상태를 나 혼자 감내해야 한다. 기업이 4일 근무를 채택한다면, 나는 그 시간을 교육에 활용할 생각이다. 사장이 인정하지 않는다 할지라도 말이다"라고 설명한다.

평생에 걸쳐 교육받을 수 있는 권리를 모두에게 허용한다는 것은 우리 앞에 굉장한 작업장이 열린다는 것을 의미한다. 이는 절대로 노동시간에 관해 교육받을 권리를 문제 삼자는 것이 아니라 추가적인 권리, 즉 새로운 자유에 관한 문제다. 교육은 경험에서 얻은 지식을 활용하고 새로운 역량을 갖추는 등 직무 능력을 발전시키기 위해서뿐만 아니라 새로운 방향이 결정됐을 경우 직업을 바꾸기 위해서도 필요하다. 교육받을 수 있다는 것은 직업적인 삶과는 무관하며, 단지 즐거움, 교양의 향상과 인간성의 확대를 위한 것이다.

만약 장기 실업자들이 4일 근무 채택과 관련된 대대적인 일자리 창출을 활용하도록 하려면, 구직센터, 위원회 등의 지원 대책과 교육, 새로운 자격 부여 대책을 강화해야 한다. 2016년 초 대통령은 총 100만 유로를 투입해 50만 실업자를 위한 교육 프로그램을 시작할 것이라고 발표했다. 교육이 너무 단기간 동안만 이루어지지 않고 교육을 통해 구직자들이 진정한 자격을 갖추게 된다면, 이는 분명 매우 바람직한 일이나. 몇몇 사람들은 득히 공식통세에 잡힌 50만 명을 구제하기 위해 쓸데없는 지출을 한다고 비판했다. 일자리 창출이라는 일반적인 변화가 시작되면, 그 누구도 우선 장기 실업자들을 포용하는 진정한 유동성-교육 계획의 가동을 비판할 수 없다.

우리가 제안하는 개혁은 일자리를 잃은 지 얼마나 되는지, 또한 창출된 일자리에서 업무를 수행할 능력이 있는지 없는지와 상관없이 구직자에게 '교육-새로운 자격 부여'라는 대대적인 계획을 시작함으로써만 이루어질 수 있다. 여기엔 매우 복잡한 요령이 필요하다. 노동시간 단축 과정에서 혼란이 야기됨으로써 채용 부족 현상이 나타났던 병원의 경우와는 달리, 노동시간 단축 계획과 교육-새로운 자격 부여 계획의 시간적 가치를 최대한 배려해야 한다. 따라서 이를 운용하기 위한 자금조달 또한 감안해야 하는데, 국가가 자금조달을 배제하거나 (교육제도 혹은 평생교육 시스템으로 인해) 능력을 제대로 갖추지 못한 많은 사람들에게 형편없는 임금을 강요하는 것과는 다르게 대대적으로 이루어져야 한다.

성공의 4가지 조건

이는 아마도 프랑스에서 공개토론이 제대로 이루어지지 않는 사안 중 하나일 것이다. 우리는 당사자가 제기한 토론에서, 몇몇 사람들이 기적적인 해결책이라고 소개하려는 한 생각을 놓고 서로 헐뜯는데 시간을 낭비하고 있다. 사람들은 서로 결합할 수 있는 4가지 개념을 너무 자주 반대한다.

어떤 사람들은 "노동비용을 낮추는 것. 오로지 해야 할 일은 이 노동비용을 낮추는 것이다"라고 말한다. 그런가 하면 다른 사람들은 "그렇지 않다! 노동비용은 더 이상 문제가 되지 않는다. 현재 우리의 임금비용은 독일의 임금비용과 같다. 필요한 것은 유연성이다. 유연성을 높여야 한다"고 응수한다. 그리고 또 다른 사람들은 "중요한 것은 교육이다. 교육을 개선해야 한다. 사람들은 말만 하지 이를 실행하지 않는다"라고 주장한다. '신기술'에 가장 정통한 사람들은 "노동시간? 40년 전부터 실행해왔고 앞으로도 계속 추진할 생산성 증가와 더불어 노동시간을 단축하는 것이 중요하다"고 결론을 내린다.

그렇다면 이들 모두는 동시에 이런 4가지 수단에 관한 행동 조건의 근거를 갖고 있었는가? 우리가 보기에 실업과 맞서 싸우는 데 실제로 효과적인 중요 정책은 이렇다. 즉, 노동시간을 단축하고, 실제로 일자리를 창출하고, 내부 유연성을 향상시키고, 교육으로의 접근을 개선하는 기업들에 분담금을 낮춰주는 것이다.

선택식 주 4일 근무

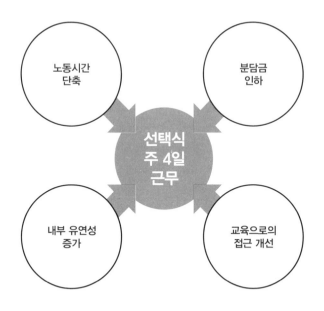

주 4일 근무의 거시경제학적 영향

예금공탁금고 경제연구소장으로 있을 당시 파트리크 아르튀르는 우리가 제안하는 자금조달을 받는 주 4일 근무는 거시경제학적 지장을 초래하지 않는다는 사실을 확인했다. "파트리크 아르튀르는 라루튀르 방식의 거시경제학적 봉쇄를 연구했다.[6] 그의 결론은 명백하다. 그는 '거시경제학적 봉쇄는 생산 가능성, 비용의 안정, 가구 전체 가처분 소득의 안정 혹은 가처분 소득이 증가를 지탱한다. 이는 공공적자를 악화시키지 않는다. 이는 실질적 타당성에 관해 아무것도 예상하지 않는다'라고 분명히 말한다." 하지만 이후 400여 개 기업이 주 4일 근무를 채택했기 때문에 실질적 타당성은 입증됐다. 작업장은 거대하지만, 이것이 경제에 위험한 것은 아니다.

파트리크 아르튀: 라루튀르 방식의 거시경제학적 봉쇄[7]

주 4일 근무가 실업문제에서 예상할 수 있는 처방을 내놓기 위해선 이 방식이 심각한 불균형을 유발하는 것을 피하고, 이에 따라 생산 가능성의 유지, 기업 단위생산비용의 안정, 가처분 소득의 안정(혹은 경우에 따라서는 증가) 그리고 행정 적자의 부재를 동시에 보장해야 한다.

- 생산용량의 안정은 일자리 증가(N)와 노동시간당 생산성 증가(P)가 노동시간 단축을(이 경우는 18퍼센트) 상쇄한다는 것을 전제로 한다. 따라서 N+P=18퍼센트가 된다. 그렇다면 주 4일 근무 채택으로 인한 시간당 생산성 변화는 어떻게 변화할 수 있을까? 노동시간 단축은 일반적으로 생산성 증가 요소다(4일 근무를 채택하면 피로를 덜 느끼고 결근 횟수도 줄고 작업 완성에 대한 필요성이 증가한다). 그렇지만 편성비용은 이런 증가분을 상쇄할 수 있다. 따라서 다음과 같은 2가지 가정을 제시할 수 있다. 시간당 생산성 5퍼센트 증가(P=5퍼센트, N=13퍼센트)와 생산성의 결여(P=0퍼센트, N=18퍼센트)다.
- 생산은 안정적이기 때문에, 생산단위비용은 개인임금(w)의 변화, 일자리의 변화와 기업에 부과되는 사회보장 분담금 비율(r)의 변화가 서로 상쇄된다는 것을 전제로 한다. 따라서 단위비용은 1+사회보장 분담금 비율로 증가하는 임금 총액과 함께 변화한다. 1992

년 기업의 표면상 사회보장 부담금 비율은 34.2퍼센트였다. 시간당 생산이 변화하지 않는다면(P=0), N=18퍼센트가 되고, 따라서 t+1.34(W+18퍼센트)=0이 된다.

만약 시간당 생산이 증가하면(P=5), t+1.34(W+13퍼센트)=0이라는 등식이 성립된다. 사회보장 분담금 비율의 하락은 증가한 임금 총액의 변화를 사회보장 부담금으로 상쇄한다.

· 예산적자가 악화되지 않는다는 것은, 비율 (t)의 하락과 연관된 기업의 사회보장 부담금의 감소는 일자리 증가 덕에 가능할 임금 총액 증가에 따른 사회보장 부담금의 증가로, 실업비용 감소로, 그리고 다른 방법이 충분치 않을 경우 추가로 가해지는 직접적인 세금 압박으로 상쇄된다는 사실을 전제로 한다. 약 2,600억 프랑(수당+일자리 정책 비용)에 달하는 1992년의 실업비용은 매년 10만 2,000프랑의 실업비용을 (ILO에 따른 255만 명의 실업자 각자에게) 준다는 것을 설정한 반면, 기업에서의 (임금 노동자의 세금부담 외의) 1인당 임금 총액은 12만 6,000프랑이었다. 예산(T)을 균형 있게 하는 세금 증가는 다음과 같이 (기업의 세금부담 이외의 임금 총액을 백분율로) 나타낼 수 있다. T=-t-34.2퍼센트(W+N)-0.08N. 첫째 항(-t)은 사회보장 분담금 비율의 하락 효과를 나타낸다. 둘째 항(-34.2퍼센트(W+N))은 가능한 임금 총액의 증가 효과를 나타내고, 셋째 항은 노동비용 감소 (0.80=102000/126000) 효과를 나타낸다.

P=0, T=-0.75t-144.4이고 P=5, T=-0.75t-10.4일 때, 두 번째 경우는 일자리 증가가 보다 미약한 상태이므로 실업비용의 하락은 보다 제한적이다.

· 가처분 소득은 임금 총액(W+N)에 따라 변화하고, 실업과 연관된 수당의 감소에 따라 줄어들고, 예산을 메우기 위해 필요한 세금(T)의 증가(혹은 감소)에 따라 변화한다. 생산단위비용의 안정은 1.32(W+N)=-t(사회보장 분담금 비율의 하락은 증가한 임금 총액의 상승을 사회보장 부담금으로 상쇄한다)를 전제로 한다. 따라서 가처분 소득의 변화는 R=-0.75-T-0.08N=0으로 나타난다. 첫째 항은 임금 총액(W+N)의 변화를, 둘째 항은 가능성 있는 세금 증가를(T가 0 이상이면, 가처분 소득은 줄어든다), 셋째 항은 실업과 연관된 소득 재분배의 하락을 나타낸다. 위에 나타난 예산 균형 표현을 다시 적용해보면, R=0이라는 등식이 성립한다. 따라서 가처분 소득은 변하지 않는다. 최종적인 경제 요인, 즉 가구의 소득 또한 변하지 않는다.

하지만 1993년 파트리크 아르튀의 논증은 오늘날 분명 유효하다. 경제적 봉쇄를 보장하는 중요 요소는 기업이 적어도 10퍼센트의 새로운 일자리를 창출하지 않으면 Unédic이나 정부는 단 1유로도 지출하지 않는다는 것이기 때문이다. 이렇게 하면 실업률이 낮아지고 이에 따라 Unédic 지출은 줄어들며, 실업수당을 지급할 필요가 없어진 기업이 10퍼센트 이상의 수익을 의료기금과 퇴직기금으로 보낼 수 있다. 게다가 임금 노동자의 10퍼센트는 부가가치를 통해 국가의 자원이 된다.

30년 전부터 '세금부담 감소폭'은 증가했다. 모든 면세 총액은 오늘날 약 600억 유로에 달한다.[8] 공공단체를 위한 면세 비용은 매우 중요한 반면 일자리 효과 면에서는 이론의 여지가 있는데, 이는 30년 전부터 이런 모든 면세가 어떤 보상도 요구하지 않은 채(로비앵 법과 오브리법 1의 요구사항은 제외) 주어졌기 때문이다.

'뜨거운 물에 덴 적이 있는 고양이는 뜨거운 물을 두려워한다.' 많은 사람들이 (대)기업에 주어지는 이런 선물에 민감한 반응을 보인다. 그들의 생각이 맞긴 하지만, 그렇다 해서 중소기업과 초소형기업에 일자리를 대량으로 창출하는 데 필요한 면세 혜택을 주지 않는다는 것은 말이 안 된다.

여기저기서 뜻밖의 효과가 나타날 것인가? 또 실제 필요한 것보다 후한 면세 혜택을 이용할 기업들이 나타날까? 아마도 그럴 것이다. 어쩔 수 없는 일이다.[9] 하지만 30년 전부터 실행된 정책에서 나타난 뜻밖의 효과와는 비교할 수 없을 것이다. 가타즈는 400억 유로의 책임협약의 대가로 100만 개 일자리를 약속했다. 이 일자리는 어디로 갔는가?

이를 다시 생각해보자. 매우 중요한 부분이기 때문이다. 우리가 협상의 기본으로 제안하는 도표에서 면세는 일자리 창출의 조건이 될 것이다. 그리고 기업이 4일 근무를 채택하더라도, (기업이 표시하지 않고 따로 남겨둔 10 혹은 15퍼센트의 생산성을 갖고 있다는 사실은 생각하지 않은 상태에서) 어쨌든 일자리를 창출해야 한다. 따라서 뜻밖의 효과는 미약할 것이다. 거의 모든 면세는 새로운 임금 노동자들에 대한 임금 총액으로 변화할 것이기 때문이다. 그리고 작은 부분에서 이익이 증가한다 하더라도 이는 대단한 것이 아니다. 왜냐하면 우리는 가동 중인 기업들이 이웃 국가로 옮겨가는 것을 막기 위해 항상 프랑스 이윤에 대한 세금을 낮추도록 몰아붙이는 유럽의 세금 덤핑과도 맞서 싸워야 하기 때문이다.*

간단히 말해 뜻밖의 효과가 나타난다 하더라도 첫째, 이는 미약할 것이며, 둘째, 이익이 재투자되지 않고 배당금으로 돌아간다면 국가는 과하게 지급된 총액의 일부를 회수할 것이다.

주 4일 근무로 전환함에 따라 기업은 실업분담금 지불을 중단하겠지만, 사회보장기금에 더 많은 분담금을 낼 것이다. Unédic의 직접적인 수익은 350억 유로에서 0유로로 (이런 격차 안에서의 모든 변화와 함께) 점차 줄어들 것이다. 하지만 동시에 임금 노동자 정원이 증가하면 사회보장 수익은 1년 안에 290억 유로 이상으로 증가할 것이다.**

따라서 Unédic을 관리하는 노사 재량에 속한 이런 두 가지 자원 총액은 점차 줄겠지만, Unédic의 지출 또한 줄어들 것이므로 이는 난처한 문제가 아니다. 이론적으로는 150만~200만 개의 일자리 창출이 가능한데(1995년 5월 발간된 전국경제학박사협회 백서에서 인용), 이는 있을 법한

---

* 아일랜드와 영국이 유럽연합에 가입한 이후 유럽대륙은 매우 심각한 세금 덤핑 변화를 경험하고 있다. 평균 수익세율은 38퍼센트에서 25퍼센트로 하락했다. 최근 마뉘엘 발스 Manuel Valls는 이웃 국가들의 변화를 따라가기 위해선 수익세를 더 낮춰야 한다고 주장했다. 과연 이것이 좋은 방법인가? 그와는 반대로 유럽식 수익세를 만들어 덤핑과 맞서지 말아야 할까? 루스벨트가 연방수익세를 만들어냄으로써 미국 공동단체들을 파산시켰던 세금 덤핑을 종식시키는 데는 몇 주밖에 걸리지 않았다. 주주들은 분노했지만 루스벨트는 이를 잘 버텨냈으며, 80년이 지난 시점에서 미국의 수익세율은 여전히 38퍼센트인 반면, 유럽은 25퍼센트에 머물러 있다.

** 일반적인 제도에서 사회보장 분담금의 합은 매년 1,780억 유로로 나타난다(사회보장 분야에 속하지 않는 Unédic의 350억 유로는 계산하지 않는다). 이 분담금에 동일한 피고용자들이 낸 CGS 450억 유로가 추가된다. 기초사회보장 이외에 추가적인 퇴직연금 규정으로 매년 620억 유로를 모으는데, 이를 모두 합치면 2,850억 유로가 된다. (출처: 사회보장사무국, 2016년 4월)
모든 기업이 4일 근무를 채택하고 적어도 10퍼센트의 새로운 일자리를 창출한다고 가정하면, 노사가 관리하는 기금으로 들어가는 금액은 약 290억 유로가 된다. 물론 Unédic은 350억 유로를 잃게 되지만, 그쪽의 예산은 훨씬 줄고 290억 유로는 실업자들에게 보상금을 지불하는 데 쓰일 것이다.

Unédic 분담금

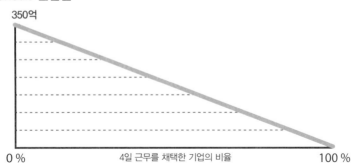

350억

0 %　　　4일 근무를 채택한 기업의 비율　　　100 %

사회보장 분담금과 준사회보장 분담금의 잉여금

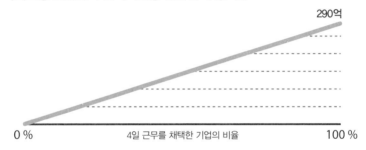

290억

0 %　　　4일 근무를 채택한 기업의 비율　　　100 %

이 둘의 총액

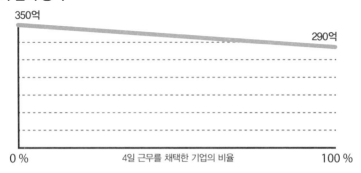

350억

290억

0 %　　　4일 근무를 채택한 기업의 비율　　　100 %

유인효과까지도 고려함으로써[*] 현재 250만 명의 실업자에게 보상금을 지급하는 Unédic의 지출에 중요한 영향을 미치게 된다. Unédic 예산은 적어도 절반 정도로 줄어들 것인데, 가장 먼저 고용될 사람들은 가장 비용이 많이 드는 실업자들이기 때문이다. 가용한 290억 유로는 나머지 실업자들에게 비용을 조달하기에 충분할 것이다.

파트리크 아르튀의 설명에 따르면 계획은 정적으로는 항상 균형을 이루고, 동적으로는 사회보장기금에 매우 유리하게 작용하고 있다. 150만~200만 가정이 일자리를 찾는다면 국가는 새로운 활력을 얻을 것이고 실업, 불안정성, 빈곤과 연관된 많은 '추가' 지출은 점차 줄어들게 된다.

국가 비용

국가 총비용(저축이나 새로운 수익을 고려하지 않은 초기비용)은 매년 140억 유로에 이른다는 점을 생각해보자. 모든 기업이 Unédic 분담금의 6.4퍼센트 면세를 보충하면서 1.6퍼센트의 면세를 이용한다면, 국가는 사회보장에 매년 90억 유로를 보상해야 하는데, 일자리 효과가 보다 의미 있게 나타나는 중소기업-초소형기업의 조금 더 높은 면세비용을 보상하기 위해 아마도 50억 유로를 추가해야 할 것이다.

140억 유로는 총비용이지만, 국가와 공공단체는 분명 오늘날 실업

---

[*]   일자리가 대대적으로 창출되면, 일없이 집에 머물고 있던 사람들이 노동시장에 스스로 모습을 드러낸다. 마찬가지로 보다 나은 직업을 찾길 기다리며 학업을 연장했던 학생들도 훨씬 많아진 일자리 기회를 잡게 될 것이다. 따라서 일자리 창출과 실업자 수 하락 사이에는 역학 관계가 존재하지 않는다. 차이는 유인효과에 따라 나타난다.

과 그로 인한 많은 결과물에 자신들이 지불해야 할 450억 유로를 절약힐 것이다(1년에 800억 유로로 추성뇌는 총 실업비용 중, 350억 유로만이 Unédic에서 조달되고 나머지 450억 유로는 국가, 사회보장, 공공단체에서 조달되는 것을 1장에서 확인한 바 있다. 여기서는 상황을 직접 평가할 수 있는 재정적 관점만을 이야기한다).

2~3년간 국가는 추가 지출을 해야 할 것이다.

1. 임금 하락을 피하기 위해 로비엥 법과 오브리 법에서처럼 첫해에 보다 확실한 면세 혜택(8퍼센트로 결정되기 이전의 10퍼센트)을 주겠다면, 2~3년에 걸쳐 약 150억 유로의 추가 지출을 예상해야 한다. 모든 기업이 동시에 협정을 이행하지는 않을 것이기 때문이다. 각 기업은 이런 상당한 면세 혜택을 1년간 이용하겠지만, 모든 기업이 동시에 협상하지는 않을 것이므로 국가 비용은 2~3년간 계속될 것이다.

국가 총비용

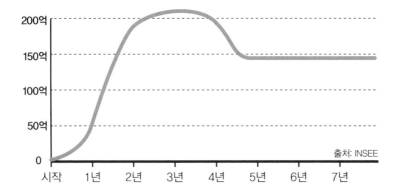

2. 국가와 지방은 일자리 협상, 일자리 창출과 함께 시행할 대대적인 교육계획에 필요한 자금조달에 참여해야 할 것이다.

국가 총비용(초기비용)은 평년에 약 140억 유로로 나타난다. 이 액수는 CICE의 400억 유로보다 훨씬 적은 것이며, 무엇보다 국가는 기업이 대대적으로 일자리를 창출할 때만 이 비용을 지출한다. 이는 국가의 사회적 지출을 줄이고 수익(부가가치세)을 늘린다. 따라서 아르튀가 설명하듯이 국가 순비용은 0이 된다.

세계에서 프랑스가 유일한가?

프랑스는 주 4일 근무제 채택으로 노동시간을 단축하는 유일한 국가가 될 수 있는가? 점점 더 개방되는 경제 상황에서 볼 때, 이는 분명 당연한 질문이며 이에 대한 대답 또한 긍정적이다. 즉, 프랑스는 이 분야에서 선구자가 될 수 있다. 우리가 주장하는 계획은 그것을 구체화하는 기업의 생산성이나 국가 경쟁력 그 어떤 것도 하락시키지 않기 때문이다.

앞에서 400개 이상의 기업이 임금 총액을 인상하지 않고 이미 4일 근무를 채택했다는 것을 이야기했다. 고객 대부분은 마미 노바, 마시프, 인피그, 레 뒤크 드 가스코뉴, 브리오슈 파스퀴에, 그루파마, 아이기스Aegis, 프랑스저축및퇴직연금협회Afer, 모니크 라누Monique Ranou, 엉트르 프리즈Entre'prises, 라발Laval 등 많은 기업들이 4일 근무를 채택하고 있다는 사실을 잘 모른다.

노동시간 단축과 분담금 인하를 동시에 이루어냄으로써, 이들 기업은 5일 근무를 채택하고 있는 경쟁사들(프랑스 및 외국 기업)과의 경쟁에서 불리한 상황에 처하지 않은 채 4일 근무를 채택할 수 있었다.

게다가 기업이 임금 총액의 균형을 유지하게 해주는 면세 또한 국민계정에서 균형을 이룬다. 즉, 앞에서 보았듯이 10퍼센트의 고용이 있을 때만 면세 혜택이 주어진다. 따라서 프랑스는 이웃 국가들보다 먼저 4일 근무와 150만~200만 개 일자리 창출을 실행에 옮길 수 있다.

물론 기업은 10퍼센트의 일자리 창출을 이룰 때만 실업수당을 내지 않는다. 이는 기업이 우선 단기 실업자들을 목표로 하므로 실업보상지출이 큰 폭으로 하락한다는 것을 의미한다. 단기 실업자들은 완벽한 자격을 갖추었고 '언제든 고용할 수 있는' 사람들이다. 이들은 구직센터에 등록한 지 얼마 되지 않았고, Unédic으로부터 가장 많은 돈을 받는 자들이다.

분명 실업자들은 존재하게 된다. 사회보장기금 잉여금이 구직센터에서 재사용될 수 있고, 다른 실업자금 조달(총 실업비용 800억 유로 중 Unédic이 담당하는 부분은 370억 유로뿐임을 기억하자)이 그대로 남아 있기 때문에, 실업자들은 계속 보상금을 받을 것이다.

여기서 4일 근무의 한계도 지적해보도록 하자. 이런 개혁만으론 장기 실업 문제를 해결하지 못한다. 만약 경제 전반에 걸쳐 주 4일 근무에 관한 토론과 협상을 재개할 수 있다면, 실제로 150만~200만 개의 일자리 창출을 기대할 수 있다. 이는 대단한 일이지만(아무런 대가 없이 주어지는 CICE의 400억 유로로 얼마나 많은 일자리를 창출했던가?), 동시에 실업 문제를 정산하기에는 절대적으로 불충분하다.

주 4일 근무는 젊은이들의 실업과 단기 실업에 매우 효과적인 대책이다. 주 4일 근무를 채택한 기업은 본능적으로 해고된 지 얼마 안

되는, 매우 활기차고 자격을 갖춘 상태로 노동시장에 진출할 수 있는 사람들을 목표로 하기 때문이다. 따라서 이런 개혁은 자격 미달인 젊은이들의 실업 문제나 장기 실업에 대응하기에는 충분치 못하다. 주 4일 근무는 이런 유일한 개혁 채택을 넘어, 명백하고 실현 가능한 정치적 신호를 보낸다. 모든 사람의 작업이 사회참여의 수단이 되는 정치적 계획에 우선권을 줌으로써, 주 4일 근무는 사회구호단체 까르 몽드Quart Monde가 제안하고 이후 일반화된 '장기 실업자 제로'와 같은 계획을 실행함에 있어 지역과 기업이 가담하는 데 유익한 자극을 준다. 마찬가지로 새로운 직업에 대한 새로운 자격 부여와 교육 계획은, 기술적 변화와 '관심' 직업을 발전시키기 위한 필요성과 그에 따른 필수적인 변화를 예측할 수 있도록 경제 분야와 경제 절차 그리고 각 영역에 의해 수립된다.

다른 것들 중 하나의 수단

노동시간 단축이 실업에 맞서 싸우기 위한 유일한 수단이 아님은 분명하다. 가장 강력한 수단이긴 하지만, 이것만이 정답이라고 할 유일한 대책은 아닌 것이다.

이상기후변화에 대한 대응과 관련 보고서들이 공통적으로 요구하는 생태학적 적응 또한 일자리 창출 요소가 될 수 있다. 국립과학연구센터CNRS의 한 연구는 '요인 4'의 실행(1990년 기준과 관련, 프랑스는 다른 국가들처럼 2050년까지 온실가스 배출량을 4분의 1로 줄이기 시작했)에 필요한 거대한 작업장에 자금조달 수단이 결국 갖추어진다면, 프랑스는 30만 개 이상의 일자리를 창출할 수 있을 것으로 추정한다. 이런 결과에 이르려면 생활양식에도 급격한 변화가 필요하다. 즉, 모든 건물(공공 및 민간)을 이전하고, 모든 운송수단의 에너지 효율성을 향상시키고, 지하에 매장된 이산화탄소를 계속 태우는 대신 재생 에너지를 개발하고, 농업 형태를 바꾸는 것 등이 필요한 것이다. 이를 확실히 이야기해보자. 보다 빨리 시작해야 할 생태학적 적응은 완전고용을 부활시키고 노동 강화를 누그러뜨리는 엄청난 기회를 제공할 수 있다. 생태학적 적응은 최소한의 계획경제와 유럽 차원의 연합을 요구하고, 그만큼 우리는 유럽조합과 국제조합의 요구처럼 앞으로 사라질 것이 분명한 분야에 속한 임금 노동자들을 희생시키지 않는 '적절한' 변화를 바라고 있다.[10]

기후에 대한 투자

2015년 말 파리정상회담은 신속히 행동을 취해야 한다는 생각을 부추겼고, 각국 정상들은 기후 온난화가 $1.5°C$ 혹은 $2°C$를 넘지 않아야 한다는 매우 야심찬 목표를 비준했다. 모든 국가의 공공재정이 매우 강력하게 제한된 상태에서 이 분야에 대한 자금조달은 어떻게 이루어지는가? 중앙은행이 현재 금융시장에 쓰기 위해 정해둔 화폐 발행을 기후 보호에 활용하는 것이 하나의 해결책이다.

은행이 아닌 기후 보호에 1조 유로를

인도에서는 온난화 현상으로 2,000명 이상이 사망했다. 캘리포니아에서는 물이 제한적으로 배급되고 있다. 우리가 빨리 그리고 확실하게 행동에 나서지 않으면, 기후 온난화는 물의 순환에 이상을 일으킬 것인데, 이런 현상은 지구 전체에 엄청난 결과를 초래해 점점 더 확대될 것이고 돌이킬 수 없는 상황에 이를 수 있다. 그렇다면 어떻게 해야 하는가? 모든 국가가 과도한 빚을 진 상태에서 최악의 상황을 피할 수 있는 거대한 에너지 경제시장에 어떻게 자금을 조달할 것인가?

2015년 초 유럽중앙은행은 역사적인 결정을 발표했다. 즉, 1조 2,000억 유로를 발행하겠다는 것이다. 엄청난 규모다. 하지만 유럽중앙은행 총재 마리오 드라기^{Mario Draghi}는 이 많은 돈을 은행에 배분하기로 결정했다. 우리가 보기에 이는 매우 잘못된 생각이다. 금융시장이 이미 완전히 과잉된 상태에서(2008년보다 상황이 더 악화돼 있다), 은행에 무료 유동자산을 줌으로써 보다 더 투기에 몰두하도록 하는 것은 자멸의 길이기 때문이다. 이러고 나면 유럽중앙은행은 다음 위기에 대비해야 한다.

새로운 정세에서 보면 이 1조 2,000억 유로는 모두 건물 이전 작업에 필요한 자금조달과 재생 에너지 개발에 쓰여야 한다. 우리는 20년간 각 회원국들이 이상기후변화에 대한 대응을 각 국가 GDP의 2퍼센트 수준에서 보장하는 협약이 유럽 차원에서 협상되길 요구한다.

매년 1,000유로 절약

프랑스는 매년 제로금리로 400억 유로를 이 거대 분야에 자금을 조달하는 데 쓰게 된다(구체적인 편성은 지역에서 가장 가까운 지방이 책임진다). 유럽위원회의 연구는 만약 유럽이 온실가스 배출량을 30퍼센트 감축하면 우리 각자는 매년 약 1,000유로를 절약할 수 있다고 주장한다. CNRS의 연구는 이런 투자를 몇 년간 하면 프랑스에서 적어도 30만 개의 새로운 일자리가 창출될 것이란 사실을 보여준다.

30만 개 일자리 창출

그렇다면 어떻게 할 것인가? 다음 유럽정상회담에서 프랑스는 이런 협약의 협상을 제안해야 한다. 에너지 전환에 자금을 조달하는 데 있어 모든 국가가 같은 문제를 안고 있으므로, 합의가 신속하게 이루어질 가능성이 매우 높다. 하지만 몇몇 압력단체들이 협상을 저지한다면 프랑스는 탁자를 내리치고, 협상이 실패할 경우 1965년의 드골처럼 결석전술缺席戰術을 주저 없이 사용하겠다고 발표해야 한다.

우리는 더 이상 잘못을 저질러선 안 된다. 은행에 1조 2,000억 유로를 주게 되면 2008년보다 더 심각한 위기를 맞을 수 있다. 한편 이상기후변화에 신중한 조치를 전혀 취하지 않는 것 또한 중대한 잘못이다. 유럽중앙은행이 발행한 1조 2,000억 유로는 우리에게 속도 경주에서 승리할 기회를 주는 것이다. 이 기회를 놓치지 않도록 하자.

—피에르 라루튀르와 장 주젤Jean jouzel, 《우에스트 프랑스Ouest-France》,

2015년 6월 22일

이상기후변화에 대한 대응은 국민의 기본 요구에 부응하는 일자리 창출을 위해 절대적으로 투자해야 할 유일한 영역은 아니다. 프랑스는 유럽 국가 중 주택난이 가장 심각한 국가다. 피에르 신부 재단 Fondation Abbé Pierre은 모든 국민이 적당한 조건의 주택에 거주할 수 있고 집세 상승을 저지하기 위해서는 적어도 80만 개의 주택이 더 필요하다고 추정한다.

주택에 대한 대대적인 투자

그렇다면 가장 적절한 주택정책에 필요한 자금조달은 어떻게 할 것인가? 네덜란드의 '퇴직연금을 위한 준비기금FRR'은 주택건설에 투자됐다(그리고 금융시장에는 투자되지 않았다). 그런데 프랑스는 왜 그렇게 하지 않는가? 프랑스의 경우 이 기금[11]의 370억 유로가 현재 금융시장에 들어가 있다. 이 기금은 서브프라임 위기 이후 가치가 많이 하락했다. 네덜란드는 주택 주차장의 50퍼센트 이상이 노동조합과 연결된 협동조합 재산이다. 주택 면적은 평균적으로 프랑스보다 약간 더 넓다. 각 주택이나 주택 집단에는 사회적 혼합이 적절히 이루어져 있고 집값은 보다 싼데, 그 이유는 집값이 노동법이 아닌 노동조합과 협동조합의 의지에 따라 확정된 것이기 때문이다. 만약 프랑스에서도 FRR 370억 유로를 금융시장에 투자하는 대신 이처럼 사용한다면 많은 일자리를 창출할 수 있을 것이다.

25만~30만 개 일자리 창출

피에르 신부 재단의 숫자와 건물 사용자의 숫자를 교차해 생각해보면, 필요한 만큼 주택을 건설하고 개축할 의지가 확실하다는 전제하에 3년간 25만~30만 개 일자리를 창출할 수 있을 것으로 보인다.

매달 집세를 받기 때문에 주택 투자는 수익성이 있다. 모든 사람이 20년간 주택건설에 투자하는 것은 수익성뿐만 아니라, 어느 날 갑자기 붕괴될지 모를 금융시장에 투자하는 것보다 훨씬 더 안전하고 정당하다는 생각 때문이다. 게다가 가장 적절한 주택정책은 시장 균형을 회복시킴으로써 수많은 세입자들의 집세를 인하하고 많은 가구의 구매력을 높여준다.

매달 280유로 절약

유럽연합통계청은 독일의 평균 집세는 1제곱미터당 8.40유로인데
반해, (파리와 니스를 제외한) 프랑스의 평균 집세는 12.40유로라는 사실을
보여준다. 프랑스의 집세가 독일 수준으로 낮아지면, 70제곱미터 아
파트의 경우 매달 280유로를 절약할 수 있다. 매달 280유로라니!

확실한 노동시간 단축, 기후보호 그리고 주택정책. 이들이 프랑스
에서 일자리를 창출하는 데 가장 중요한 3가지 요소라는 데는 의심의
여지가 없다. 하지만 이것만으로 충분한 것은 아니다.

사람 관련 업무의 발전

사람 관련 업무는 종종 평판이 좋지 않다. 현재는 주로 주당 평균
12시간 근무, 낮은 임금, 제대로 이루어지지 않는 능력 양성 그리고
대다수가 임시직 여성들이 종사하는 아르바이트 수준의 업무이기 때
문이다.

사람 관련 업무를 발전시킬 수 있는 다른 방법이 있다. 집을 방문
해 노인을 돌보든, 어린아이들을 보살피든, 혜택을 주기 위해서는 사
회적으로 연계된 경제 발전에 도움이 되어야 한다.

전통적인 민간분야와는 달리, 사회적으로 연계된 경제의 목적은
주주들에게 배당금을 돌리는 것이 아니라 최대한 임시직을 줄인 상태
에서 일자리를 창출하는 것이다. 이 분야에서도 역시 매우 흥미로운

솔선행동들이 몇 년 전부터 프랑스 전역에서 확대되고 있다. 하지만 지역 공동체, 국가, 기업위원회와 노동조합이 이런 새로운 경제를 발전시키는 데 따른 특혜를 분명히 약속하는 것이 필요하다. 그리고 이 모든 것에 공정거래와 순환경제의 발전, 농업 유지를 위한 농민협회AMAP의 증가와 사회관계에 유리한 문화단체의 창립 등이 더해져야 한다.

풍자는 하지 말자. 대량 실업에 대응하기 위해 파이를 키우길 원하는 사람과 파이를 나누길 원하는 사람을 반대하기보다는, 새로운 경제활동을 발전시킴과 동시에 사회적 혁신에 기대를 걸어야 한다. 실업자가 600만 명에 달하는 지금, 노동시간 단축에 힘을 쏟는 것만큼 기후, 주택, 농업, 사람 관련 업무 같은 우리 사회의 새로운 요구에 응답하기 위한 새로운 경제활동을 창조하고 이에 투자하는 데 힘을 쏟아야 한다.

한 번 더 강조하지만, 노동시간 단축은 실업에 대응하는 유일한 방책이 아니라 오늘날 가장 중요한 일자리 총량을 창출할 수 있는 수단이다. 그리고 또한 가장 비판받지 않는 수단이다.

덜 일하는 것은 노동 가치를 부인하는 것인가?

노동시간을 단축하면 '모든 것이 엉망이 된다'고 믿는 사회에서, 몇몇 사람들이 가끔 이야기하듯이 실제로 '노동 가치'는 줄어드는가? 그렇지 않다. 오히려 정반대다. 노동은 모두의 삶에서 중요한 자리를 차지하고 있다. 우리 모두는 누군가를 처음 만났을 때 자신을 소개하면서 이름을 말하고 본능적으로 직업을 말한 다음, 가족 상황, 여가생활 혹은 병역문제 등을 이야기하곤 한다. 우리 대다수에게 노동은 각자의 신분을 나타내는 중요한 요소다. 실업에 대응하는 데 노동이 중요한 이유가 바로 이것이다. 보다 많은 사람들이 '진정한 노동'에 접근할 수 있도록 하는 것이 시급하다.

노동의 고통을 줄이기 위해 노동시장의 균형을 복원하는 것 또한 시급하다. 가능한 많은 사람들이 노동의 장소를 단지 돈 버는 곳이 아닌, 성숙과 창조의 자리로 다시 느끼게끔 노동을 풍요롭게 하는 것이 중요하다.

하지만 주 4일 근무에 관한 토론과 협상의 재개를 원하는 것은 상업적 범위 안에서의 노동이 유일한 노동, 즉 가치 있는 유일한 경제활동이 아니라고 말하는 것과 같다. 주 4일 근무는 실업을 해결할 수 있는 강력한 수단일 뿐만 아니라, 수많은 임금 노동자들이 새로운 자유를 얻고 자녀들과 보다 많은 시간을 보낼 수 있는 수단이기도 하다. 에드가 모랭 Edgar Morin (프랑스의 대표적인 사회학자이자 철학자, 문명비평가 – 편집자)이 확실한 노동시간 단축을 문화정책의 중요 요소로 제시한 것은 매우 옳다.

주 4일 근무는 우리를 위협하는 사회적 파열 혹은 단체 압박을 피할 수 있게 해줄 것이다. 이는 불안정성으로 가득 차 있는 사회에서 빠져나와 완전고용과 경제 활성화 사회로 나아가는 수단이다. 각자가 다음과 같은 4가지 활동 영역에 참여할 수 있도록 조직된 사회 말이다.

- 개인적인 삶(부부, 가족, 친구 등과의 삶)
- 직업적인 삶(일과 교육)
- 문화, 교육, 스포츠, 여가생활
- 시민권, 단체생활, 노동조합 생활, 정치적 생활 등

완전고용과 경제 활성화 사회

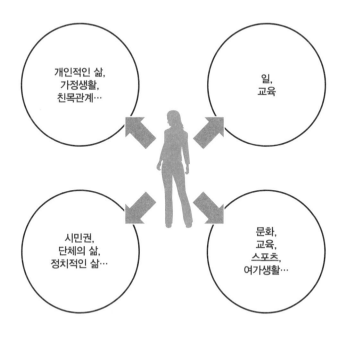

거주지역에 상관없이, 나이, 소득 혹은 교육 수준에 상관없이 모든 사람들이 이런 영역에 자유롭게 참여하도록 하려면 작업장은 거대해야 한다. 그리고 재미있어야 한다.

노동시간 단축만이 사회에 의미를 부여하는 것은 아니다. 노동이 유일한 사회적 관계, 위대한 완성물, 중요한 신분 요소라면, 노동시간 단축 또한 사회적 연대성과 심리적 균형에 위험요소가 될 수 있다. 시민권, 교육으로의 접근, 교육 리듬의 부흥, 그리고 아이들 교육에 있어서 부모 및 모든 성인의 새로운 역할, 문화적 창조로의 접근과 스포츠 실행에 관한 토론이 함께 이루어져야 하는 것은 그 때문이다.

실제로 '보다 덜 일하는 것'이 중요한 게 아니라, 보다 많은 사람들이 경제 영역에서 일하고, 보다 많은 사람들이 다른 분야에서 정기적으로 일하는 것이 중요하다. 조레스^{Jaurès}(프랑스인이 사랑한 민주주의 정치가. 노동자를 대변하고 계급사회를 고발하는 명연설들을 남겼다 - 편집자)는 "프랑스는 각자가 시민으로 행동하기 위한 시간과 자유를 갖고 있는 사회다"라고 말했다.

35시간 대 4일, 왜 이런 차이가 나는 걸까?

35시간 근무의 시행으로 약 35만 개의 일자리가 창출됐다는 사실을 알고 있는 사람들이, 주 4일 근무로 150만~200만 개가 창출되기를 바랄 수 있다는 것을 어떻게 설명할 것인가? 이런 차이를 어떻게 설명할 것인가?

다음에 다룰 기후 문제(일부 당사자들의 반발을 초래했던 '파리에서 부과한 정책') 이외에, 우리는 앞에서 몇몇 요인이 35시간 근무의 제한적 효과를 설명하는 것을 확인했다.

1. 대부분의 기업에 관계된 오브리 법 2에서, 면세 혜택은 일자리 창출 조건을 전혀 달지 않았는데, 이는 사실상 기업이 일자리를 창출하지 않도록 부추겼다. 즉, 경쟁사는 아무 노력도 없이 똑같은 면세 혜택을 받으면서 단지 며칠만 단축해주고는 줄어든 시간에 같은 양의 업무를 소화하라고 더 많은 일을 시키는데, 노동시간을 단축하고 업무를 재편성하고 신입사원을 모집해 교육

하는 과정을 수행해가며 굳이 일을 복잡하게 만들 이유가 없는 것이다.

2. 단체협약에 의한 노동시간은 35시간이었지만, 실제 노동시간은 38시간이 될 수 있었다.

3. 오브리 법 2에서 기업의 방침은 노동시간 규정을 바꿀 수 있었다. 덕분에 기업은 노동시간 단축에서, 수십 년간 노동시간으로 여겨온, 지저분한 환경에서 하루 일과를 마친 후의 샤워시간을 재규정했다.

4. 법적으로 주어지는 면세 혜택은 최저임금 수준에서는 많이 이루어졌지만, 간부 혹은 고객지원 담당 직원을 고용하는 데 있어서는 아주 드물게 이루어졌다. 이는 고용효과뿐만 아니라 간부들이 실질적인 일자리 창출 조직을 구성하려는 동기까지 감소시켰다.

5. 면세는 법령에 의해 수정될 수 있었다. 이런 불안정성 때문에 일부 기업은 일자리 창출에 소극적이었다. 정부가 재정을 절약하고 면세 혜택을 줄이기로 결정하면, 재무부는 당장이라도 이를 실행할 수 있기 때문이다. 새로 고용된 사람들을 바로 해고할 것인가? 몇몇 사장들은 "이처럼 불안정한 상황에는 개입하지 않는 것이 낫다"고 설명했다.

6. 임금 노동자의 40퍼센트는 35시간 근무 실행과 관련이 없었다. 그 40퍼센트에 해당하는 모든 노동자가 20명 이하가 근무하는 기업에서 일하고 있다. 만약 임금 노동자의 약 40퍼센트가 전혀 자리를 옮기지 않고 나머지 노동자들에게 '제한된 노동시간 단축'을 적용한다면, 1999년 OFCE가 지적했듯이 고용효과는 매

우 제한적이 된다.

35시간, 오브리 법 2	주당 4일
적은 노동시간 단축 《르 피가로》에서 중소기업연합회 회장은 "내 기업은 35시간 근무 협정에 조인했지만, 실제 노동시간은 38시간 40분이다"라고 말했다.	**많은 노동시간 단축** 1주일에 하루를 줄이는 것은 모든 업무에서 노동시간을 20퍼센트 줄이는 것이다.
자금조달 측정하기 어려움 불안정 조건 없음	**자금조달을 통해 전적으로 지속적인 모든 수준의 고용이 가능하지만, 이는 10퍼센트의 CDI 고용을 조건으로 한다.**
가끔은 지나친 유연성 인간적인 고통 그리고 이미 적은 노동시간 단축으로 나타난 미약한 고용효과를 축소시킨다.	10퍼센트의 일자리를 창출해야 하므로 내부적이고 제한적인 유연성. 기업은 노동시간 규정을 바꿀 수 없다.
제한된 변화 권위적인 판단 방법으로 인해 20명 이하를 고용하고 있는 중소기업(전체 임금 노동자의 40퍼센트에 해당)은 적용 범위에서 배제된다.	**협상 혹은 의견조사에 따른 공공토론이 이끌어낸 일반적인 변화.** 6일에서 5일 근무로의 전환이 점차 전 임금 노동자와 많은 자유 직종에 적용됐던 것과 마찬가지로, 4일 근무로 향한 변화는 각 활동 분야에 맞는 일과표대로 사회 전체에 기여할 것임이 틀림없다.

7일, 6일, 5일, 4일… 그다음은?

4일 근무 다음은 어떻게 될까? 3일 근무를 채택할까? 이는 공공토론에서 사람들이 자주 묻는 질문이다. 2~3시간의 토론이 끝나면 대체로 4일 근무에 대한 반대 의견은 사라지고 '그다음'에 관한 질문이 나온다.

이에 대해서는 신중해져야 한다. 왜냐하면 우리는 '그다음'에 대해서는 아무것도 확신할 수 없기 때문이다. 프랑스가 40년 전부터 실현해온 생산성 증가를 '강화'하기 위해서는, 주 4일 근무를 향한 폭넓은 변화를 지체 없이 수행해야 한다는 걸 확신하는 것만큼, 앞으로 다가올 20년간 생산성이 어떻게 변할지에 대해서는 모르고 있다. 사람 관련 업무에서 생산성은 증가하지 않는다. 에너지 가격이 오르면 산업에서의 생산성 증가 속도는 늦춰질 것이다. 게다가 인간은 연구에 이용되는 비판적인 두뇌 집단을 전혀 갖고 있지 않았다. 전혀! 매주 매체들은 우리에게 다음과 같은 연구자들을 발견했다고 알려준다. '인간의 노동력은 거의 필요 없이 집 한 채를 며칠 만에 지을 수 있는 3D 프린터기' '운전자 없는 자동차' '피자를 배달하는 로봇' '신문기자를 대신하는 소프트웨어' '변호사의 일을 반으로 줄여주는 소프트웨어' '자기공명 진단 속도를 빠르게 하는 전문 시스템' 등.

몇몇 경제학자들은 생산성 혁명이 보다 강력하게 진행될 것이라고 예상한다. 다른 이들은 생산성 증가의 핵심은 우리에게 달려 있다고 생각한다. 지난 40년간 생산성이 엄청나게 증가할 때 지지부진했던 노동시간 단축 과정을 회복하기 위해서는, 미래가 어찌 될 것인가를 생각하기보다는 4일 근무에 관한 토론과 협상을 재개하는 것이 시급하다.

주 3일 근무는 대부분의 직업에서 바람직한 편성 형태는 아닌 듯하다. 공기업이든 민간기업이든 기업이 제대로 기능하려면 임금 노동자 전체가 업무에 진실로 충실해야 하기 때문이다. 이것이 바로 4일 근무를 채택한 기업들에서 목격되는 장면이다. 반면 근무일수를 점점 줄여나갔던(5일, 이후 4일, 이후 반나절 근무……) 기업에서 3일을 근무하는 노동자는 몇몇 업무에서 단체노동에 완전히 몰입할 시간을 충분히 갖지 못한다는 사실이 확인됐다. 이 노동자의 경우 삶의 주요 부분은 다른 데 있고, 이런 사실은 동료나 고객과의 관계에서 여실히 드러난다. 이것이 바로 우리가 3일 근무로의 변화를 추구하는 것이 바람직하지 않다고 생각하는 이유다.

조절 대 우버화: 너무 늦은 것이 아닌가?

"어떤 사람들은 '주 4일 근무는 유급 노동에서 보다 정당한 분배가 가능한 좋은 아이디어 같다'고 말할 것이다. 하지만 이는 쓸데없는 논쟁이 아닐까? 모든 매체가 우버화와 새로운 노동 형태의 발전을 끊임없이 이야기하고 있는데, 임금제의 종말을 인정하지 말아야 한단 말인가?"

몇 달 전부터 매체는 전통적인 택시운전사들(임금 노동자 혹은 기능인)과 시장을 빠르게 잠식한 새로운 경쟁자들 사이의 첨예한 긴장을 주기적으로 설명하고 있다. 택시업계의 우버화는 노동계 전체를 붕괴시킬 수 있는 정당한 사고방식을 제시하고 있는가? 우리는 지금 임금제의 종말로 향하고 있는가? 우리 모두는 곧 임금제에서 결정된 규범과 상관없이 각자의 활동과 소득을 관리하는 개인 사업자가 될 것인가?

그렇지 않다. 전통적인 택시와 우버 택시 간의 갈등이 커지는 것을 의심해봐야 한다. 30년 전부터 임금제의 종말을 공표해온 모든 사람들을 믿지 말아야 한다.

미국에서도 임금 노동자는 여전히 경제활동인구의 약 90퍼센트를 차지한다. 프리랜서 비율은 몇몇 사람이 이야기하는 것처럼 빠르게 증가하기는커녕, 오히려 지난 10년간 다소 감소했다.

프랑스는 1970년대 후반부터 2000년대 초까지 프리랜서가 많이 줄어드는 경향을 보인다(특히 농업에서의 일자리가 줄어든 영향 때문이다). 이 기간 동안 프리랜서의 비율은 총 고용의 약 9퍼센트에서 안정되다가, 2014년(자료를 이용할 수 있는 최종 연도)에는 10.3퍼센트까지 증가한다. 이런 증가율은 제한적일 뿐만 아니라 상황을 매우 상세하게 설명해주는 것 같다. 2009년 자영업자 정관이 만들어지면서, 그리고 경제 위기로 인해 상업에 관련된 임금 노동자 고용이 크게 줄면서(2008년 초 이후 약 60만 개의 일자리가 사라졌다), 비임금 노동자 비율은 증가할 수밖에 없었다. 이 단계에서 실제적인 경제 변화는 나타나 있지 않다.[13]

따라서 보다 적극적으로 일하는 사람이 희망하는 임금제 일자리를 얻으려면, 또한 임금 노동자의 상황에 맞서려면, 노동자들에 관계되는 사회계약이 현대화되어야 한다는 것은 절대 쓸데없는 논쟁이 아니다.

오늘날 우버, 플랫폼, 자영업자 등 불규칙적인 직업에 종사하는 많은 사람들이 이런 일자리를 부득이하게 받아들이고 있다. 만약 프랑스의 모든 기업이 선택식 4일 근무를 협상하고 100만 개 이상의 일자리를 만들어낸다면, 불규칙적인 일자리에는 진심으로 그 일을 원하는 사람들만 남게 될 것이다.

프랑스의 비임금 노동자 고용

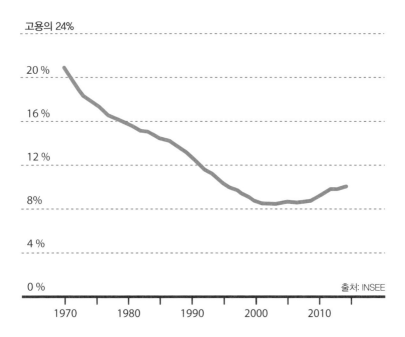

보다 유리한 새로운 소득분배를 향해

책 앞부분에서 대량 실업의 주요 책임은 1980년대 초부터 시작된, 모든 서방국가에서 관측된 임금 하락에 있다고 말했다. 만약 대량 실업이 주주에게 유리하게 작용한다면, 대대적인 일자리 창출은 임금 노동자들에게 유리한 협상을 재개하게 만들 것이라고 생각할 수 있다.

많은 기업에서 남발해온 "여기 일자리가 마음에 들지 않으면, 다른 데서 찾아봐라"라는 말은 보다 대등한 대화로 대치될 것이다. "내가 승진하지 못한 지 몇 년이 지났다. 그런데 얼마 전 평소 관심 있던 회사 5곳에서 입사 제의가 들어왔다. 이젠 대화를 나누어야 할 때다……."

프랑스 임금 노동자들이 GDP에서 차지하는 몫은 1982년 최고 수준에 오른 이후 10~12포인트 하락했다.[14] 10포인트를 회복하진 못하겠지만 만약 노동자들의 몫이 5~6포인트 증가하면, 이는 매년 약 1,000억 혹은 1,200억 유로가 임금 노동자들의 주머니와 사회보장기금으로 들어감을 의미한다.

몇 단계를 거쳐야 하는가?

일부 좌파들은 첫 단계는 35시간 근무를 준수하는 것이라고 말한다. 그리고 4일-32시간 근무는 두 번째 단계에서 실행해야 한다고 말한다.

우리는 이런 전략을 다음과 같은 이유로 위험하다고 생각한다.

1. 기업에서 노동을 재편성하는 것은 매우 힘든 작업이다. 사람들은 이런 작업을 대통령 임기 5년간 몇 년 간격으로 두 번에 걸쳐 실행하는 이유를 잘 모른다.
2. 많은 프랑스인들은 35시간 근무에 미지근한 평가를 내린다. 첫 번째 단계로 35시간 근무의 공표에서, 이미 12년 전에 실행된 정책을 되풀이한다는 인상을 받는다.* 이는 35시간 근무에 대한

---

* 35시간 근무는 이미 1959년 미국 노동조합의 요구사항이었고, 1980년 사회당이 채택한 강령에 모습을 드러냈다. 2016년 현재 우리는 1970년대 말로 거슬러 올라가는 해결책에 만족할 수 있는가?

냉정한 평가를 거부한다는 느낌을 준다.

3. 이는 자신의 노동시간을 계산하지 않는 모든 임금 노동자들이 매우 흥미를 느끼는 4일 근무의 효과를 포기하는 것이다.

4. 금융시장에 새로운 위기가 발생할 것 같다고 생각되면, 가능한 빨리 최대한의 일자리를 창출하고 국가의 유연성을 강화해야 한다.

5. 만약 거의 확실치 않은 첫 단계의 실행을 결정하면, 두 번째 단계는 대체로 나타나지 않는다는 사실을 프랑스 역사는 보여준다. 1982년 39시간 근무 채택은 '35시간 근무로 가는 첫 단계'였지만, 그에 대한 평가가 매우 나빴기 때문에 이 주제의 언급은 1993년까지 금기시됐다. 1993~1995년, 이 주제는 당대의 관심사 중 하나가 됐고, 사회당은 1996년 전당대회에서 '35시간, 4일 근무로 가는 첫 단계'를 당 기획안에 넣기로 결정했다. 하지만 안타깝게도 35시간 근무에 대한 평가가 애매했기 때문에 두 번째 단계는 시작되지 못했고, 실제 노동시간은 39시간이 되고 말았다.

만화 《틴틴의 모험》 독자라면 누구나 〈달 탐험 계획〉에 나오는 웅장한 로켓을 기억할 것이다. 아래에 멋진 모터 3개를 장착한 붉은색과 흰색이 칠해진 훌륭한 로켓 말이다. 어떤 사람은 이렇게 말하면서 이 3개의 모터 중 하나 또는 두 개만 점화하고 싶다고 생각할 수도 있을 것이다. "이건 첫 번째 단계야. 발사가 제대로 이루어지면 그다음에 나머지 모터를 점화하면 돼." 하지만 절대 그렇지 않다. 로켓이 중력에서 벗어나려면 가용한 모든 역량을 사용해야 한다. 즉, 3개 모터를

동시에 점화해야 한다. 마찬가지로 프랑스를 걱정과 절망에서 구해내려면 '모든 역량'을 사용할 수 있는 능력을 갖춰야 한다. 1993년 앙투안느 리부가 이야기했듯이, "중간단계 없이 4일-32시간 근무로 가야 한다."

노동시간 관련 서류는 성역 없이 공개되고 논의돼야 한다. 행동하는 것을 절대 두려워하지 말자. 노동시간 문제를 그냥 내버려두는 것은 끔찍한 일이 될 것이다. 사회적 결합을 위해 이 문제를 다시 논의하는 것은 매우 중요하다. 아마도 1997년의 방법과는 다른 방식으로 논의해야 할 것이다. 즉, 퇴직연금 문제와 연계시키고 자유시간에 관한 진정한 사회계획을 세운 상태에서 보다 솔직하고 보다 포괄적인 방법으로 논의해야 한다.

얼마나 많은 시간을
허비했는가!

아인슈타인이 옳았다. 노동시간을 단축해야 한다.

그가 1933년에 쓴 작은 책자는 1929년에 시작된 위기의 원인과 위기에서 빠져나올 최선의 방법에 관해 옳은 내용을 담고 있다. 하지만 1920년대 포드와 테일러 덕분에 실현된 생산성 증가와는 별도로 40년 전부터 생산성 증가가 실현돼온 오늘날에도 노동시간 단축은 여전히 필요한 것이다.

얼마나 많은 시간을 허비했는가! 우리가 일자리 문제에 관한 공공 토론에 참여할 때마다, 확실하고도 자금조달이 용이한 노동시간 단축에 유리한 논거를 제시할 때마다, 세련된 노동 분배를 기대하며 얻을 수 있는 여러 가지 놀라운 이익을 강조할 때마다, 국민은 혼란스러운 감정을 강하게 드러냈다.

그렇다. 현 상원의장인 제라르 라셰가 발라뒤르 정부의 일자리에 관한 5년제 법안을 보완하는 '32시간 근무를 실험하기 위한' 수정안을 제출한 1993년 이후, 많은 시간이 허비됐다. 1993년 10월 당시 국가 2인자 자리에 있던 그는 "곧 기업들은 인간의 노동을 반으로 줄인 상태에서 2배 많은 부를 창출할 것이다. 이것이 바로 노동시간을 단축해야 하는 이유다"라고 말했다.[1]

1993년 10월, 총리로 있던 미셸 로카르는 그 스스로가 성장회복을 믿는 잘못을 저질렀고, "주 4일 근무는 당연하고, 시급하고 그리고 합리적인 목표다"라고 주장했다.

1995년 7월, 대통령에 막 당선된 시라크는 4일 근무를 채택하기 위해 라셰-푸카르드 수정안을 이용한 5개 기업 중 하나인 브리오슈 파스퀴에를 첫 방문지로 선택했다. 이 기업을 찬탄한 대통령은 "파스퀴에 기업에서 이루어지는 일이 다른 기업에서 이루어지지 않는 이유는 무엇인가?"라고 물었다.

1994년 쥐페 정부의 중심인물이자 미래유럽위원회 위원인 미셸 바르니에는 다음과 같이 썼다.[2] '주 4일 근무는 사람들이 가끔 이야기하는 것처럼 맬서스주의적 계획이 절대 아니다. 오히려 프랑스가 미래와 조화를 이룰 수 있는 탁월한 방법 중 하나다. 프랑스 국민이 노동시간을 32시간으로 줄이는 법을 채택할 수 있도록 3년 혹은 4년 안에 국민투표를 실시해야 한다.'

앞에서 보았던 1995년의 부아소나 보고서의 결론은 모든 신문 1면에 실린다. '지금부터 20년간 노동시간을 20~25퍼센트 단축해야 한다.'

1997년 1월 노동부 장관 자크 바로는 프랑스 TV TF1 '황금시간대'에 출연해 다음과 같이 주장했다. "피에르 라루튀르의 생각이 옳다. 4일 근무를 채택하면 200만 개의 일자리를 창출할 수 있기 때문이다." 하지만 이는 폴 알마르가 진행하는 TV 프로그램에 참석한 실업자들의 분노를 샀다. 그들은 200만 개 일자리를 창출할 수 있다면, 그리고 장관이 이를 인식하고 있다면, 왜 하루빨리 이런 변화를 가속화하지 않았는지 이해할 수 없었기 때문이다.

주 4일 근무가 실업에 대응하는 효과적인 수단이 될 수 있음을 잘 알면서도 35시간 근무를 극구 반대하는 사람은 스스로를 어떻게 생각할 수 있을까?

얼마나 많은 시간을 허비했는가! 우리를 '위로'하기 위해, 그리고 20년 전부터 이런 생각을 갖고 있던 사람들의 지나친 죄의식을 다독이기 위해, 그들은 다음처럼 똑같이 중요한 문제에서도 혼란스러운 감정을 갖고 있다고 말한다.

- **기후 문제:** G7 요구에 따라 1988년 '기후 변화에 관한 정부 간 협의체ICPP'가 창립됐다. G7이 이런 결정을 했다는 것은, 지구 온난화의 심각성에 관해 이미 얼마간 광범위한 합의가 있었음을 의미한다. 하지만 이후 어떤 결정을 내렸는가?
- **유럽의 문제:** 1992년 사라예보 사태가 계속되는 동안, 프랑스의 모든 지도층은 "두 번 다시 이런 일이 벌어져서는 안 된다!"고 말했다. 만약 미국이 이 학살 사태를 멈추기 위해 개입하지 않았다면, 결국 진정한 외교와 국방 능력을 갖춘 정치적 유럽이 탄생했을 것이다. 25년이 지난 지금까지 유럽은 거의 아무 발전도 이루지 못했고, 난민 '관리'를 터키에 맡기는 지경에 이르렀다.

물론 실업에 대응하는 문제가 정부의 엄청난 무기력함을 보여주는 유일한 부분은 아니다(따라서 우리 기관들의 정체 현상과 지도자들의 쇄신 거부

성향을 해결하는 것이 시급하다). 아마도 죄의식을 느끼게 하지 않는 방향으로 논의는 진행되겠지만, 꼭 그러리라고 보장할 수도 없다.

철학가 알랭^Alain^은 "무기력함 때문에 우리는 세상으로부터 인간적인 모습을 빼앗고 있다"라고 말했다. 40년 전부터 실현된 대규모 생산성 증가를 현명하게 관리할 능력이 없었던 탓에, 우리는 세상으로부터 인간적인 모습을 빼앗고 있는 것이다.

우리에게는 막대한 공동책임이 있다. 만약 주 4일 근무에 관한 토론과 협상을 빠른 시일 내에 재개하지 않는다면, 프랑스는 위기에 빠질 것이고 다른 국가들로 하여금 성장과 규제 완화만이 실업을 줄일 수 있다고 믿게 만들 것이다. 그러므로 세계 도처의 지도자들이 성장을 추구하기 위해 다시 만반의 준비를 하고 있다는 사실에 놀라지 말자. 잠시만요, 사형 집행관님! 중앙은행이 방출한 유동자산이 중기적으로 지금껏 경험하지 못한 강력한 금융 쓰나미를 유발할 징조를 보인다면, 이는 매우 유감스러운 일이다. 그래도 단기적으로는 화폐 발행을 통해 약간의 성장효과를 볼 것이다.

또한 단기적으로는 수천 명의 임금 노동자들에게 일자리를 주고, 에너지 가격을 낮춤으로써 다소 성장을 이끌어낼 수 있는 셰일가스 시추 및 채굴이 프랑스 국민과 지구 건강에 위험 요소로 작용하게 되면, 이 또한 매우 유감스러운 일이다.

노동시간 단축이라는 역사적 변화를 다시 시작하는 것이 무엇보다 시급하다. 필리프 아스케나지는 최근의 저서에서 매우 중요한 역설을 강조했다.³ 즉, 불평등과 '재분배를 통한' 불평등 개선(세제 개혁, 생존 소득 등)에 관한 토론은 점차 활기를 띠고 있지만, 많은 사람들이 초기의 분배 방식을 전혀 바꾸지 못하는 현실을 감수하는 듯하다는 것이다. 사람들은 시장에 의해 형성된 노동과 소득 방식을 바꾸는 대신 재분배 투자에 만족하는 반면, 불평등에 대해선 거의 효과적으로 내응하지 못하고 있다.

여기엔 분명 그 어떤 금기사항도 없다. 가능한 모든 방법을 동원해 불평등과 싸워야 한다. 즉, 토마 피케티가 제안하는 세제 개혁과 생존소득에 관한 토론의 필요성을 확실히 염두에 두고, 모든 사람이 (어릴 때부터, 모든 영역에서 그리고 평생에 걸쳐) 지식에 접근하는 것을 수월하게 하고, 점점 더 불평등해지는 노동 분배와 그로 인해 점점 더 심화되는 소득분배의 불평등과 맞서 싸워야 한다.

브뤼셀에서 경제장관은 주 4일 근무를 실험하고자 한다. 경제 전문지《알테르나티브 에코노미크》는 2016년 5월호에 노동시간 단축에 관한 토론 재개를 요구하는 150명의 명단을 게재했다. 로마녕 보고서는 결국 15년이 지나 35시간 근무에 관한 확실한 평가가 시작됐다는 결론에 이른다. 2016년 초에 있었던 노동법에 관한 토론은 소극적으로, 너무도 소극적으로 시작됐다.

매우 중요한 문제

앞에서 우리는 실업은 위기의 결과일 뿐만 아니라, 위기의 주요 원인이기도 하다는 사실을 확인했다. 세계 모든 국가에서 임금 혹은 노동환경에 관한 협상이 이처럼 균형을 잃은 것은 실업 때문이다. 따라서 임금이 급격히 하락한 것은 실업 때문인데, 이로 인해 불평등이 크게 증가하고 전 세계는 점점 더 부채(민간부채 그 다음엔 공공부채)에 크게 의존하게 됐으며, 이는 오늘날 중앙은행이 점점 더 위험한 정책을 연

달아 펼치는 계기가 되었다. 1944년 필라델피아에 모인 각국 정상들이 공표했듯이, 사회 정의 없이는 평화도, 경제 안정도 없을 것이다.

앞에서 우리는 방향을 잘못 잡은 세계화의 결점이 무엇이든, 기업의 해외 이전은 실업의 작은 부분만 설명하는 것은 아니라는 점 또한 확인했다. 경제활동의 성장과 고용 증가 간의 격차, 대규모 일자리 붕괴는 기술혁명과 지적혁명이라는 이중 혁명으로 인해 40전 전부터 실현된 생산성의 급격한 증가 때문이다.

따라서 '노동시간을 단축하지 않는 것'은 세계에 큰 피해를 주는 여러 위기의 중요 원인이 된다(노동시간을 약 5퍼센트 단축하면, 풀타임 근무의 실제 노동시간은 생산성이 급격히 증가했던 40년 전과 거의 같아진다). 사회 위기, 경제 위기 그리고 금융위기는 분명 정치 위기를 불러온다.

실업에 대응하는 마법의 지팡이는 없지만, 제대로 자금이 조달되고 협상이 잘 이루어져 확실한 노동시간 단축이 시행되면 그것은 분명 일자리를 대대적으로 창출하고 임금 및 노동환경 협상에서 균형을 이룰 수 있는 가장 강력한 수단이 될 것이다.

┃ 어떻게 할 것인가?

토론과 협상을 어떻게 재개할 것인가? 프랑스에서 노동시간 문제는 오브리 법 발표에 따른 격렬한 갈등 때문에 국가적 긴장의 대상이다. 좌파 의원 대다수가 자신들이 원했던 오브리 법 2의 모호성을 모른 척한 반면, 프랑스 실업자가 이미 약 300만 명을 넘었다는 사실과 로비엥 법 평가를 완전히 망각하고 있던 한 격렬한 토론에서, 경영자와 우파는 노동시간 단축법 호소에 맞서는 거의 내전과 같은 상황이 발생했다.

완전 퇴직연금에 필요한 노동시간을 변경하기 위해 법령 혹은 법에 따라 행동하는 것이 전적으로 당연하다고 생각하는 이들은, 실업에 대응하기 위해 노동시간 관련법에 따라 행동하는 것을 완전히 추잡하고 용서할 수 없는 일이라고 생각한다. 이것이 무슨 뜻인지 이해하도록 노력해보시길!

여러분은 책 서두에서 인용한 헨리 포드 인터뷰에서 '한 프랑스인'이, 만약 노동자들의 노동시간을 단축하면 그들은 술을 마시기 시작하면서 더 이상 제대로 일할 수 없을 것이라는 논거를 제시한 것이 벌써 1926년이었음을 주목하고 있는가? 일부 프랑스 경영자들은 노동시간 문제에 관한 비합리적인 제한 때문에 오래전부터 고통받고 있다. 프랑스가 노동자에게 유급휴가를 주지 않는 유일한 국가로 남아 있던 1936년, 몇몇 사람들은 다음과 같이 주장했다. "노동자들은 바다로 가 돌아오지 않을 것이다." 후에 이런 걱정은 근거 없는 것임이 밝혀졌다. 즉, 노동자들은 해변으로 휴가를 갔다가 건강한 모습으로 돌아왔던 것이다. 그리고 여행은 프랑스 경제활동에서 가장 활력을 주는 요소로 자리 잡았다. 100년 전부터 매번 노동시간 단축을 반대한 모든 사람들의 말을 들었더라면, 여행은 소외된 분야로 남아 있을 것이다. 자유시간, 주말, 바캉스가 없다면 누가 여행할 시간을 가질 수 있단 말인가?

그렇다면 어떻게 할 것인가? 어떤 경우에도 갈등을 되살려선 안 되겠지만, 구직센터에 600만 명이 등록돼 있는 현재, 실업에 대응하는 가장 효과적인 해결책이 금지돼서는 안 된다. 분명 방법의 문제가 중요하다. 1990년대에 저질렀던 잘못을 반복하지 말자. Medef 회장 장 강두아는 변화를 촉진하기 위한 노동시간 단축이나 심지어 하위법령의 가능성에 대해서까지도 절대 반감을 갖고 있지 않았다. 너무 느리긴 했지만 그는 변화의 방법을 분명히 알려주었다. 하지만 그는 법과 법령의 내용에 관한 협상의 부재에 대해선 책임을 물으려 하지 않았다.

법과 협상 사이에는 어떤 연관성이 있는가? 오늘날 이에 관해 이야기할 사람은 우리가 아니다. 하지만 1970년대 초 자크 들로르 Jacques Delors(경제학자이자 사회당 소속 정치인-편집자)가 진행한 전문 교육장과 같은 몇몇 훌륭한 경험에서 영감을 얻을 수 있다. 샤방-델마스 Chaban-Delmas(조르주 퐁피두 대통령 때의 총리-편집자)와 함께 일을 맡았을 때, 들로르는 야망을 숨기지 않았다. 그는 새로운 권리를 구축하고, 모든 임금 노동자들이 일하는 동안 기업 비용으로 교육받을 수 있는 법을 가결시키길 바랐다. 목적은 매우 분명했지만 방법은 대화에 근거했다. 즉, 단 한 줄의 법 문안을 작성할 때도, 자크 들로르는 먼저 긴 시간의 협상을 시작했던 것이다.

그리고 협상이 선험적으로 혹은 근거 없는 두려움에 근거해 시작되는 것을 막기 위해 그는 시대의 선구자들, 즉 이미 혁신을 실천하고 기업 부담으로 교육을 하는 기업들과 대화를 나누었다. 이런 선구자들의 증언은 들로르의 야망이 현실적이며, 교육받을 권리가 시대에 뒤떨어진 1968년 세대 혹은 현실성 없는 좌파 가톨릭신자들의 환상이 아니었음을 보여준다. 이는 충분히 가능하다. 모든 규모 모든 분야의 수십여 개 기업들에서 이런 일들이 벌어지고 있기 때문이다. 이는 가능할뿐더러 수익성도 있다. 그리고 이는 임금 노동자들에게도 좋은 것이다. 선구자들의 증언으로 인해 협상이 재개됐다. 몇 달 만에 들로르는 매우 야심찬 여러 직업에 공통된 협정을 얻어내고, 이어 변화를 촉진하고 자금조달을 공평하게 분배하기 위해 이 협정을 법문화했다.

오늘날 노동시간에 관한 토론을 재개하기 위해선, 우리 지도자들 일부가 취하고 있는 급진적 민주주의와의 관계를 끊고 현장 경험에 의존해야 한다. 좌파인지 우파인지 구별이 안 되는 몇몇 사람에게는 실례가 되겠지만, 여당 국회의원과의 대화를 거부하기 위해 49조 3항을 이용해 만든 법 원본과 함께하는 것이 프랑스를 움직이는 유일한 방법은 아니다. 오히려 그 반대다.

실험을 재개하라

확실한 노동시간 단축을 실험하려면, 당시 로비엥 법이 그랬던 것처럼 노동법은 철저하게 다시 쓰여야 한다. 그리고 방어적인 노동시간 단축을 용이하게 하고 또한 총칙에 넣어야 한다. 어려운 상황에 처한 기업에 해고를 부추기는 대신, 소득의 95~98퍼센트를 유지하는 Unédic과 정부의 자금조달로 노동시간을 단축하고 임금을 낮추는 내부 유연성을 조장해야 한다. Unédic과 정부는 캐나다의 적절한 노동시간 시스템과, 150만 임금 노동자들의 소득을 98퍼센트 수준으로 유지하면서 평균 노동시간을 31퍼센트 단축한 독일의 노동단축 Kurzarbeit 시스템에서 영감을 얻었다.

사르코지와는 반대로 앙겔라 메르켈은 해고를 피하기 위해 모든 수단을 강구했다는 사실을 다시 한 번 거론할 필요가 있을까? "해고를 줄이기 위해선 일을 덜 해야 한다." 이 훌륭한 원칙 덕분에 2008~2011년 독일의 실업률은 프랑스 실업률의 6분의 1에 머물렀다.

정부의 계획이 오히려 해고를 용이하게 하고 기업으로 하여금 남아 있는 노동자들을 더 혹사시키게 했던 것과는 달리, 수익 면에서 어려움을 겪는 모든 기업에 노동시간을 빠르고 쉽게 단축할 수 있게 하는 것이 노동법의 당면과제가 돼야 한다.

실험의 재개는 건강한 기업들이 일자리를 창출하기 위해 주 4일 근무를 실험하도록 하는 것이기도 하다. 2013년 출판사 플라마리옹의 사장은 자사에서 출간한 미셸 로카르와 피에르 라루튀르의 책[4]을 읽은 후, 주 4일 근무의 채택을 진지하게 고민했다. 저자들이 알았더라면 그가 4일 근무를 채택하는 것을 분명 말렸을 것이다. 왜냐하면 로비엥 법은 더 이상 존재하지 않기 때문이다. 오늘날 임금을 그대로 유지한 채 4일 근무를 채택한다는 것은 불가능하다.

프랑수아 올랑드와 마뉘엘 발스 정부가 이 2가지 상식적인 요구를 어떻게 반대할 수 있을지 잘 떠오르지 않는다. 노동시간을 단축하면서, 하지만 소득의 98퍼센트와 일자리 창출 협상을 재개하기 위해 '로비엥 법' 수정안을 유지하면서 동시에 해고를 피하기 위해서는 노동법은 '노동단축' 수정안과 더불어 철저하게 다시 쓰여야 한다. 사람들은 프랑스 사회당원들이 2009년 독일 우파 혹은 1995년 프랑스민주연합-국민운동연합보다 더 보수적이라는 사실을 잘 이해하지 못한다. 그리고 만약 기업들로 하여금 진정한 프랑스식 공동결정을 지향하면서 '심각하게 책임질'[5] 대책들을 도입하게끔 할 수 있다면, 대통령 5년 임기 중 마지막 해는 완전히 불필요한 해가 되진 않을 것이다.

가장 광범위한 변화를 준비하기 위해, 정부는 이 외에도 실업과 불안정성에 관해 프랑스가 이끌어온 모든 경험을 재점검할 부아소나 위원회 '20년 후'(혹은 보다 현대적으로 말하자면 '부아소나 2.0')를 설치해야 한다.

이 위원회는 특히 로비엥 법과 마찬가지로 오브리 법 1과 협상된 협정을 평가하는 책임을 지게 된다. 우리는 앞에서 이프레마 사장이 주 4일 근무 실험을 평가하는 연구에 비용을 지불하겠다 할 정도로 이에 열광적인 반응을 보인다는 사실을 확인했다. 이는 정부가 로비엥 법과 함께 4일 근무를 채택한 400개 기업을 실제로 평가하는 훌륭한 정책이다. 이런 기업에서 발생한 모든 어려움과 해결책은 열정적인 토론을 이끌어낼 것이기 때문이다. 이 위원회는 이런 실험 외에도 가능한 한 가장 일반적인 변화를 이끌어내기 위해 하나 또는 몇 개의 예측을 제시해야 한다.

이를 위해선 법이 필요할까? 아마 그럴 것이다. 어쩌면 2개의 법이 필요할 수도 있다. 노동단축과 로비엥 법 수정안을 참고한 새로운 노동법이 이를 시행하는 데 불충분할 경우, 실험을 재개할 법과 하위법령이 그것이다.

"자유롭게 하는 것은 법이고 억압하는 것은 자유다"

1848년 앙리 라코르데르 Henry Lacordaire (프랑스의 도미니크수도회 수사이자 설교가-편집자)는 이미 "부자와 가난한 자 사이에, 능력 있는 자와 나약한 자 사이에, 주인과 하인 사이에선, 자유롭게 하는 것은 법이고 억압하는 것은 자유다"라고 주장했다. 35시간 근무 법은 우리가 법을 이용하는 것을 절대 금지해선 안 된다. 1995년 몽펠리에 대회 이후 CFDT는 '32시간 근무 채택을 위한 일반법'을 요구하지만 우선 법 내용이 협상돼야 하고, 두 번째로는 업종에서 업종으로, 기업에서 기업으로, 그리고 업무에서 업무로의 법 실행이 협상돼야 한다.

2013년 5월 1일 Medef 고용위원회 위원장인 브누아 로제 비슬랭은 라디오 방송에서 우리 중 한 명과 토론을 벌이던 중 국가 차원의 일반법에 관한 모든 생각을 거부하기 시작했다. 그는 방송 첫머리에서 "모든 것은 기업 차원에서 협상돼야 한다. 사람들은 일반 정책으로 너무나 많은 고통을 받았다"고 주장했다. 하지만 토론이 진행되면서 다음과 같은 부분을 인정했다.

1. 실업자들은 기업 협상 테이블에 앉지 않는다.
2. 기업 차원에서 협상의 자유는 실업의 공포("이곳이 마음에 들지 않으면, 다른 곳에서 일자리를 찾아봐라") 혹은 경쟁 기업에도 적용되는 규정의 부재("나는 그렇게 하고 싶지만, 경쟁사들이 그렇게 하지 않으면 불가능한 일이다")로 인해 제한된다.
3. 가정과 사회생활의 리듬에 관한 삶의 질 모두에 대해서는 기업 협상에서 고려하기가 매우 어렵다.

이로 인해 그는 방송 말미에서 '수많은 실업자와 임시직 노동자들을 고려하기 위해 국가 차원에서 협상된 새로운 사회계약, 즉 업종에서 업종으로 그리고 기업에서 기업으로의 실행 다음에 협상될 사회계약'에 관한 생각을 공개적으로 받아들였다.

지성에 기대를 걸다

이 책의 목적은 앞으로 나타날 모든 문제에 관한 해결의 단초를 제공하는 것이 아니다. 많은 문제가 드러날 것이다. 분명히 그럴 것이다. 앞에서 작업장이 매우 중요할 것이라고 이야기했다. 하지만 실업과 불안정성이 남능하도록 내버려둔다면, 어떤 심각한 문제들이 얼마나 많이 튀어나올지는 아무도 모른다.

우리의 목적은 단지 토론을 재개할 수 있도록 하는 것이다. 즉, 전통적인 '성장과 경쟁력' 정책이 얼마나 실패로 돌아갔는지, 노동시간 단축이 얼마나 필요하고 필수적이며 가능한지를 이해하도록 모든 자료를 많은 사람에게 제공하는 것이다.

1794년 생쥐스트Saint-Just는 "행복은 유럽에서 새로운 생각이다"라고 주장했다. 오늘날에도 행복을 믿고, 사회의 발전을 믿는 것은 새로운 생각이다. 지성의 산물인 생산력 증가는 많은 사람들의 행복을 위해 사회 발전에 기여할 수 있다는 생각은 새로운 생각이다.

사회 발전이라는 공동의지를 부활시키기 위해서는 차분하게 토론을 재개해야 한다. 공동의지, 공동결정, 이것이 중요하다.

프랑스는 모두 지성과 분배의 노력을 결정할 것이고, 그러면 국민, 임금 노동자, 실업자, 사장 대부분은 이 계획의 중요성을 이해할 것이며, 계획이 잘 실행되도록 모든 노력을 다할 것이기에 실행 과정에 나타나는 모든 어려움은 해결책을 찾을 것이다. 그렇지 않으면 노동시간 단축의 새로운 단계를 상상하는 것은 쓸데없는 일이다. 왜냐하면 현재 위기상황에서 국가가 강요하는 정책은 위축된 경제를 더욱 악화시키고 결국엔 경제 실패로 이어질 것이기 때문이다.

하지만 토론을 재개하고, 주 4일 근무가 새로운 사회계약의 중요 요소가 되도록 하고, 모두가 발벗고 나서 모든 변화의 상상력과 창의성에 호소한다면, 그 어떤 어려움도 변화를 막지 못할 것이다.

우리가 경험한 이런저런 공공토론을 통해(여기엔 처음에는 노동시간 단축에 주로 반감을 갖고 있었지만 두세 시간에 걸친 심도 깊고 분명한 토론을 거친 뒤 단축 원칙을 받아들인 사장단도 포함돼 있다) 이 계획이 허황된 것이 아니라고 생각하게 됐다. 위기로 인해 방침이 바뀌었고, 많은 사람들은 새로운 것을 만들어내는 것이 시급하다는 사실을 이해하게 됐다.

만약 임기 초에 모든 것(실업의 피해, 성장의 한계 그리고 현재 시장원리가 부과하는 것보다 더 세련된 또 다른 노동 분배 협상의 요구)을 테이블에 올려놓는다면, 우리는 프랑스가 작업장을 개방하고 새로운 사회계약을 결정할 만큼 성숙했다고 느낄 것이다.

국민투표로 인정되는 새로운 사회계약?

2017년에 좌파가 집권한다면, 임기 초기에 협상 가능한 이 새로운 사회계약이 국민투표를 거치지 않을 이유는 무엇인가? 이는 새로운 작업 규칙에 그간 프랑스 사회개혁에서 부족했던 안정성을 부여할 것이고 활기찬 토론을 이끌어낼 것이다. 게다가 많은 국민이 무엇보다 4일 근무를 목표로 한 국민투표에 '찬성' 표를 던진다면, 기업의 노동조직을 바꾸기 위해 실질적인 방법으로 문제를 해결해나가는 것, 다기능을 발전시키는 것, 혹은 노동 장소를 다시 찾은 실업자를 받아들이는 것이 중요할 때, 그들은 이 개혁의 훌륭한 실행에 공공책임을 느끼게 될 것이다.

아르키메데스는 "지렛대와 받침대만 있으면, 나는 행성들의 움직임을 바꿀 수 있다"고 주장했다. 우리는 사회의 움직임을 바꾸기 위한 받침대를 갖고 있다. 즉, 수많은 실업자와 임시직 근로자, 붕괴 조짐을 보이는 경제 등 대다수 국민들로 하여금 변화를 열망하게 만든 심각한 위기 말이다. 또한 우리는 지렛대도 갖고 있다. 노동시간, 교육시간, 학교 교육시간, 행정업무 등 사회적 시간 전반의 명백한 변화 말이다.

누가 32시간 근무를 두려워하는가?

1993년 앙투안느 리부는 "주 32시간 근무를 채택해야 한다. 그렇게 하면 기업은 일자리를 창출할 수밖에 없을 것이다"라고 주장했다. 하지만 그의 말을 귀담아 듣는 사람은 아무도 없었다. 위기의 시기에는 국민의 지성과 현명함에 호소하는 것보다 공포와 본능에 호소하는 것이 더 쉽다. 1917년 헨리 포드가 임금 인상을 위해서는 공동규정이 필요하다고 주장하고, 켈로그가 '300명의 가장에게 일자리를 주기 위해' 30시간 근무와 12퍼센트 임금 인상을 채택했을 때, 대부분의 미국 기업 사장들은 그들을 비웃었다. 위기의 시기에 상식은 돈은 덜 주면서 일은 더 하는 노동자를 원치 않는가? 이런 본능적 상식은 1929년 대공황으로 이어졌다. 많은 좌파들은 이미 여러 번 논의된 노동시간 단축을 다시 거론해 조롱거리가 되는 것을 두려워했다. 그렇다면 35시간 근무를 실제로 검토해야 하는가? 35시간 근무는 32시간 근무로 가는 단계였음이 분명한 사실인데, 누가 이를 기억하고 있는가? 그렇다. 사람들은 조롱거리가 되거나 '논쟁이 재개되는 것'을 두려워했던 것이다. 하지만 두려움은 분명 진정한 조언자가 아니다. 일반화된 불안정성이 세계적인 위기로 이어지기 전에 우리는 두려움을 극복하고, 냉정함을 되찾고, 이런 중요한 문제에 관한 진정한 토론을 시작할 능력을 갖출 수 있을까?

자유주의자들에게서 물러난 지 30년이 지나 우리는 그들의 경제이론에 따른 사회적 손실뿐만 아니라 경제적 손실을 평가하고 있는데, 이런 엄청난 업무로 인해 가끔 진이 다 빠지기도 한다. 유럽식 사회민주주의자인 우리는 한 가지 역사적 책임을 지고 있다. 경제적 경쟁력과 사회적 행복을 동시에 이룰 수 있는 새로운 사회모델을 만들어내야 한다는 책임 말이다. 이를 회피해서는 안 된다. 이를 위해 힘써야 한다.

—미셸 로카르와 피에르 라루튀르, 《르 누벨 옵세르바퇴르Le Nouvelle Observateur》,

2004년 10월 21일

문화 혹은 혼란?

2008년 1월 니콜라 사르코지는 희망사항을 말하는 와중에 '문화 정책'을 발표해 모든 사람들을 놀라게 했다. 하지만 불과 몇 주 후 그의 소망은 완전히 잊혔다. 매우 유감스런 일이다. 아시아와 마찬가지로 유럽의 심각한 상황을 고려해볼 때, 문화에 초점을 맞춰야 하기 때문이다. 1929년의 위기는 혼란으로 이어졌다. 앞으로 몇 년 새 이런 혼란스러운 상황이 다시 생기지 않으리라고 누가 확신할 수 있겠는가?

사르코지의 연설에 영감을 준 에드가 모랭의 소책자[6]를 보면 문화정책은 절대 공허한 생각이 아니다. 우리의 동료인 에드가는 교육, 유럽식 정책, 통화 조절 등에 관해 상당히 구체적인 해결책을 제시하고, 노동시간을 주당 30시간으로 단축하는 것에 매우 호의적인 입장을 보이고 있다.

문화정책은 주 10~12시간의 아르바이트로 이루어지는 것이 아니다. 그것은 우리 지성의 산물인 생산성이 사회의 기반마저도 조금씩 붕괴시킬 수 있는 대량 실업을 유발하는, 지금의 어처구니없는 상황에서 빠져나오기 위해 노동시간을 확실히 단축함으로써 이루어진다.

또한 문화정책은 우리 각자가 영유하는 시간과 문화, 스포츠, 시민권 등에 접근할 수 있는 시간을 부여하는 정책이다.

만약 지도자들이 노동시간 단축에 관해 더 이상 들으려 하지 않는다면, 그리고 두려움 혹은 압력단체의 위력 때문에 경직된 모습을 보인다면, 우리가 행동에 나서야 한다. 행동에 나서면, 시장에 의해 조장되는 점점 더 불평등해지는 노동의 분배를 끝낼 수 있다. 어려운 상황과 맞서 싸우기 위해선 행동해야 한다. 몇몇 신자유주의 압력단체가 부추긴 40년간의 세뇌로 강요된 거짓 해결책을 지적 투쟁으로 물리쳐야 한다.

우리는 시장에 의해 결정된 무질서한 노동 분배와 국민투표와 협상으로 결정된 세련된 노동 분배 중 하나를 선택해야 한다.

우리는 완전고용이 이루어지고 활력이 넘치는 사회, 즉 균형과 혁신 그리고 공생의 사회를 재건하기 위해 행동에 나서야 한다. 그런 사회가 되면 생기를 되찾게 된다.

우리는 그런 사회를 만들 수 있다.

1장. 실업, 가장 심각한 국가 문제

1. 〈Un million de chômeurs en fin de droits en 2010〉, *Le Monde*, 18 janvier 2010.
2. Pierre Meneton, Emmanuelle Kesse-Guyot, Caroline Méjean, Léopold Fezeu, Pilar Galan, Serge Hercberg, Joël Ménard, 〈Unemployment is associated with high cardiovascular event rate and increased all-cause mortality in middle-aged socially privileged individuals〉, *International Archives of Occupational and Environmental Health*, 2015, vol. 88 (6), p. 707-716.
3. Philippe Barbe, 〈Un coût du chômage〉, *Travail et Emploi*, no 40, février 1989.
4. 〈Le coût insoutenable du chômage〉, *Le Figaro*, 27 avril 2015.
5. 〈Rapport d'information sur l'assurance chômage européenne〉 présenté par Jean-Patrick Gille en janvier 2016.
6. 적자 문제에 관해서는 《알테르나티브 에코노미크Alternatives économiques》의 논설위원인 크리스티앙 샤바뇌Christian Chavagneux의 분석을 주의 깊게 볼 필요가 있다. 그는 발표된 수치와 브뤼노 코케 Bruno Coquet의 연구('La nouvelle assurance chômage. Pièce en trois actes', Notes de l'Institut, Institut de l'entreprise, décembre 2015)에 근거해, 실업자 보상제도(일반법+임시 노동+불규칙 노동)가 과하다는 사실을 보여준다. 만약 실업수당관리국이 적자를 본다면, 이는 국가가 관리국에 다른 임무, 즉 관리국 예산과는 무관한 기업 창업 지원, 구직센터 예산 참여 등을 강요한 결과라 할 수 있다. 샤바뇌는 이런 추가 임무 없이 주어진 실업자 보상 임무만 이행한다면 실업수당관리국 예산은 과잉 상태가 되는데, 그 예로 2008~2015년을 들었다. 그 당시 29억 유로의 초과분이 발생했다. 실업자 수당을 낮추길 원하는 사람들은 다른 논거를 찾아야 할 것이다.
7. Albert O. Hirschman, *Exit, voice, loyalty. Défection et prise de parole*, Bruxelles, Éditions de l'université de Bruxelles, 2011.
8. Maëlezig Bigi, Olivier Cousin, Dominique Méda, Laetitia Sibaud, Michel Wieviorka, *Travailler au XXIe siècle. Des salariés en quête de reconnaissance*, Paris, Robert Laffont, 2015.
9. 이 문제에 관해선 생티아 플뢰리Cynthia Fleury의 수작 *Les Irremplaçables*, Paris, Gallimard, 2015 참조.
10. Élisabeth Algava, Emma Davie, Julien Loquet, Lydie Vinck, 〈Conditions de travail. Reprise de l'intensification du travail chez les salariés〉, *Dares Analyses*, no 049, juillet 2014.
11. 유럽의 '작업환경'에 관한 5차 조사 결과

12. Jan Kraus, Dominique Méda, Patrick Légeron, Yves Schwartz, *Quel travail voulons-nous?*, Paris, Les Arènes, 2012 참조

13. Dominique Méda, Patricia Vendramin, *Réinventer le travail*, Paris, PUF, 2013과 Domique méda, *Le travail*, Paris, PUF, coll. 〈Que sais-je?〉, 2015 참조

14. Patrick Artus, *Les incendiaires. Les banques centrales dépassées par la globalisation*, Paris, Perrin, 2007.

15. 〈Les dividendes ont augmenté de 30% en 2014〉, *Le Figaro*, 8 février 2015.

16. Thomas Piketty, *L'Économie des inégalités*, Paris, La Découverte, 2002.

17. INSEE 소장 장-필리프 코티Jean-Philippe Cotis가 주도한 임무

18. *Dares Analyses*, 〈Conditions de travail. Reprise de l'intensification du travail chez les salariés〉, no 049, juillet 2014와 Dares Analyses, 〈Les conditions de travail des salariés dans le secteur privé et la fonction publique〉, no 102, décembre 2014.

19. 앞서 언급한 파트리크 아르튀의 책

20. *Le Monde*, 6 mars 2001.

21. *Dares Analyses*, 〈Les facteurs de risques psychosociaux en France et en Europe〉, no 100, décembre 2014.

22. Michel Duée, 〈Chômage parental de longue durée et échec scolaire des enfants〉, *Données sociales-La société française*, Insee, 2006.

2장. 성장에 대한 집중, 심각한 경거망동

1. 특히 Jean Gadrey, *Adieu à la croissance*, Paris, Éditions Les Petits Matins, 2010; Dominique Méda, *La mystique de la croissance. Comment s'en libérer*, Paris, Champs-Flammarion, 2014 참조

2. Xavier Timbeau, 〈Un scénario à la japonaise, le scénario le plus optimiste pour l'Europe〉, *Le Monde*, 7 avril 2009.

3. '무無'에서 3조 5,000억 달러를 만들어내다니! 2008년부터 사람들은 이 같은 경이적인 숫자에 익숙해졌다. 2008년 이전에도 상상할 수 없는 결정들이 있었지만, 그 효력은 매우 제한적이었다.

4. 장 가드리의 블로그 *Alternatives économiques* : http://alternatives-economiques.fr/blogs/

gadrey/2015/05/20/un-taux-de-chomage-plus-eleve-aux-etats-unis-qu'en-france 참조

5. http://www.gallup.com/opinion/chairman/181469/big-lie-unemployment.aspx (*traduction des auteurs*).

6. Jim Clifton, 〈The Big Lie: 5,6% Unemployment〉, gallup.com.

7. Dominique Méda, *La mystique de la croissance. Comment s'en libérer*, Paris, Champs-Flammarion, 2014 와 Florence Jany-Catrice, Dominique Méda, *Faut-il attendre la croissance?*, Paris, La Documentation française, 2016 참조

8. *Le Monde*, 2008.

9. 〈Le cri d'alarme de l'OCDE sur la croissance mondiale〉, *Le Monde*, 18 février 2016.

10. France Inter, le 22 janvier 2016.

11. Economic Report of the President, 2007.

12. 하르츠 법안에 대한 경제적으로 매우 완곡한 평가에 관해서는(10년 전부터 독일의 평균 성장 은 프랑스와 거의 같다. 양국만이 무역 흑자, 이윤, 빈곤율 증가를 경험했다), 기욤 듀발의 *Made in Germany* (Paris, Le Seuil, 2013) 또는 미셸 로카르와 피에르 라루튀르의 *La gauche n'a plus droit à l'erreur* (Paris, Flammarion, 2013) 참조

3장. 실업: 생산성 증가는 어떤 결과를 가져왔는가

1. Xavier Ragot, Mathilde Le Moigne, 〈France et Allemagne: une histoire du désajustement européen〉, *Revue de l'OFCE*, no 142, p. 177-231.

2. 기사 〈200 millions de chômeurs dans le monde en 2016〉, *Le Monde*, 19 janvier 2016 참조

3. http://dares.travail-emploi.gouv.fr/IMG/pdf/2013-047.pdf

4. 출처: 2007년 대통령 경제교서

5. *La Tribune*, 25 janvier 2011.

6. OECD, 2011.

7. Bernard Gazier, Olivier Boylaud, 〈Dynamique des capitalismes et participation des travailleurs : une analyse de long terme〉, *Prisme*, no 28, décembre 2013.

4장. 위기 탈출: 어떤 시나리오도 적절하지 않다

1. Coen Teulings, Richard Baldwin (éds.), *Secular Stagnation: Facts, Causes, and Cure*, London, Centre for Economic Policy Research Press, A VoxEu.org Book, 2014.

2. David Bollier, *The Future of Work*, Washington, The Aspen Institute, 10 mars 2011.

3. Bruno Mettling, *Transformation numérique et vie au travail*, rapport à la ministre du Travail, Paris, septembre 2015.

4. http://abonnes.lemonde.fr/idees/article/2016/03/04/projet-de-loi-elkhomri-une-avancee-pour-les-plus-fragiles_4876380_3232.html(page consultée en mai 2016).

5. Claude Picart, 〈Une rotation de la main-d'oeuvre presque quintuplée en trente ans. Plus qu'un essor des formes particulières d'emploi, un profond changement de leur usage〉, *Emploi et salaires*, Insee Références, édition 2014.

6. Raphaël Dalmasso, Bernard Gomel, Dominique Méda, Nicolas Schmidt, 〈Le CNE: retour sur une tentative de flexicurité〉, Centre d'études de l'emploi, *Connaissance de l'emploi*, no 49, décembre 2007.

7. http://alternatives-economiques.fr/blogs/michelmine/files/2015/03/ue-tw-reponseconsultat on-mars2015-mm.pdf(page consultée en mai 2016).

8. Laurent Lesnard, *La famille désarticulée. Les nouvelles contraintes de l'emploi du temps*, Paris, PUF, coll. 〈Le lien social〉, 2009.

9. Amandine Brun-Schammé, Nicolas Le Ru, 〈Le temps partiel, une réserve d'emplois?〉, Note d'analyse 45, 17 mars 2016.

10. Évelyne Serverin, 〈Le salariat, au risque de l'indépendance〉, Postface *in* Lionel Jacquot *et al.*, *Formes et structures du salariat: crise, mutation, devenir,* Nancy, Presses universitaires de Nancy, 2011, tome 2: *Des normes et transformations du travail salarié,* p. 333-348.

5장. 노동시간의 약사

1. Docteur Villermé, *Tableau de l'état physique et moral des ouvriers employés dans les manufactures de coton, de laine et de soie* [1840]. Textes choisis et présentés par Yves Tyl, Paris, Union générale d'éditions, coll. 〈10-18〉, no 582, 1971.

2. Eugène Buret, *De la misère des classes laborieuses en France et en Angleterre*, Paris, Chez Paulin, 33, rue de Seine, 1840.

3. Patrick Fridenson, Bénédicte Reynaud (dir.), *La France et le temps de travail (1814-2004)*, Paris, Odile Jacob, 2004.

4. *Le Moniteur universel*, 10 mars 1840, cité par Yannick Guin, 〈Au coeur du libéralisme: la loi du 22 mars 1841 relative au travail des enfants employés dans les manufactures, usines ou ateliers〉, *in* Jean-Pierre Le Crom (dir.), *Deux siècles de droit du travail. L'histoire par les lois*, Paris, Les Éditions de l'Atelier, 1998.

5. 고용연구센터의 *Le contrat de travail*, Paris, La Découverte, coll. 〈Repères〉, 2008 참조

6. 〈Réquisitoire: les responsabilités de Monsieur Léon Blum〉, *L'OEuvre de Léon Blum*, Paris, Albin Michel, 1955, p. 286, audience du 10 mars 42, cité par Fridenson et Reynaud, *op. cit.*

7. 위의 책

8. Olivier Marchand, Claude Thélot, *Le travail en France*, Paris, Nathan, 1997.

9. http://www.insee.fr/fr/themes/document.asp?ref_id=ip1273(page consultée en mai 2016).

10. Alain Chenu, Nicolas Herpin, 〈Une pause dans la marche vers la civilisation des loisirs?〉, *Économie et statistique*, no 352-353, 2002.

11. Alain Chenu, 〈Les horaires et l'organisation du temps de travail〉, *in Économie et statistique*, no 352-353, 〈Temps sociaux et temps professionnels au travers des enquêtes Emploi du temps〉, septembre 2002, p. 151-167. Olivia Sautory, Sandra Zilloniz, 〈De l'organisation des journées à l'organisation de la semaine: des rythmes de travail socialement différenciés〉, *Économie et statistique*, no 478-479-480, octobre 2015도 참조

12. Jennifer Bué, Thomas Coutrot, 〈Horaires typiques et contraintes dans le travail. Une typologie en six catégories〉, *Premières Synthèses*, mai 2009.

6장. 35시간의 진정한 역사

1. Rapport de Louis Souvet sur le projet de loi, adopté par l'Assemblée nationale, d'orientation et d'incitation relatif à la réduction du temps de travail, no 306, 1997-1998.

2. Rapport d'information d'Hervé Novelli sur l'évaluation des conséquences économiques et sociales de la législation sur le temps de travail, no 1544, déposé le 14 avril 2004, tome 2, auditions.

3. Philippe Askenazy, Catherine Bloch-London, Muriel Roger, 〈La réduction du temps de travail 1997-2003: dynamique de construction des lois Aubry et premières évaluations〉, *Économie et Statistique*, no 376-377, juin 2005, p. 153-171.

7장. 35시간에 대한 실제적인 평가

1. Rapport d'enquête sur l'impact sociétal, social, économique et financier de la réduction progressive du temps de travail no 2436 déposé le 9 décembre 2014(mis en ligne le 16 décembre 2014).

2. 위 보고서

3. Michel Husson, 〈Soixante ans d'emploi〉, *in La France du travail*, Ivry-sur-Seine, L'Atelier/Ires, 2009.

4. 로비엥 보고서

5. 위 보고서

6. 위 보고서

7. 위 보고서

8. 위 보고서

9. Lucie Davoine, Dominique Méda, 〈Place et sens du travail en Europe : une singularité française?〉, Document de travail du Centre d'études sociales, février 2008과 Dominique Méda, *Le travail*, Paris, PUF, coll. Que sais-je?, 2015 참조

10. Ariane Pailhé, Anne Solaz, 〈Vie professionnelle et naissance: la charge des enfants repose

essentiellement sur les femmes〉, *Population et sociétés*, no 426, septembre 2006.

11. Dares는 노동시간 단축 효과에 관한 일련의 조사들을 제시해놓았다. http://travail-emploi.gouv. fr/IMG/pdf/Les_enquetes_de_la_Dares_sur_la_RTT.pdf 참조. 여기엔 임금 노동자 조사, 특히 마르크-앙투안 에스트라드, 도미니크 메다, 르노 오랭Renaud Orain 등이 Dares에서 작성한 '노동시간 단축과 생활양식' 조사에 제기한 질문들을 볼 수 있다. 이 조사는 당시 이 문제를 다룰 수 있는 유일한 과학적 조사였다.

12. Marc-Antoine Estrade, Dominique Méda, Renaud Orain, 〈Les effets de la RTT sur les modes de vie: qu'en pensent les salariés un an après〉, *Premières Synthèses*, no 21-1, mai 2001, p. 1-8; Dominique Méda, Renaud Orain, 〈Travail et hors travail: la construction du jugement des salariés sur les trente-cinq heures〉, *Travail et Emploi*, no 90, avril 2002, p. 23-38 참조

13. Jérôme Pélisse, 〈À la recherche du temps gagné: des salariés face aux 35 heures〉, *Document d'études de la Dares*, no 54, mai 2002.

14. Philippe Askenazy, Catherine Bloch-London, Muriel Roger, 〈La réduction du temps de travail 1997-2003: dynamique de construction des lois Aubry et premières évaluations〉, *Économie et Statistique*, no 376-377, juin 2005, p. 153-171.

15. Gilbert Cette, Nicolas Dromel, Dominique Méda, 〈Les déterminants du jugement des salariés sur la RTT〉, *Économie et statistique*, no 376-377, juin 2005, p. 117-151. Gilbert Cette, Nicolas Dromel, Dominique Méda, 〈Les pères: entre travail et famille. Les enseignements de quelques enquêtes〉, *Recherches et prévisions*, no 76, juin 2004, p. 7-21.

16. Thomas Coutrot, 〈Les conditions de travail des salariés après la réduction de leur temps de travail〉, *Premières Synthèses*, no 06.3, février 2006.

17. Cour des comptes, *Les personnels des établissements publics de santé*, Rapport thématique, mai 2006.

18. Thomas Coutrot, Emma Davie, 〈Les conditions de travail des salariés dans le secteur privé et la fonction publique〉, *Dares Analyses*, no 102, décembre 2014.

19. Claire Létroublon, 〈Le forfait annuel en jours〉, *Dares Analyses*, no 048, juillet 2015.

8장. 노동시간 단축, 가능한 이야기

1. 이 보고서를 작성한 2명의 저자 중 한 사람이 도미니크 메다다.

2. 〈Long working hours and risk of coronary heart disease and stroke: a systematic review and meta-analysis of published and unpublished data for 603,838 individuals〉, *The Lancet*, vol. 386, no 10005, p. 1739 – 1746, 31 October 2015.
   AVC 위험성은 주당 노동시간이 55시간을 넘어선 상태에서 갑작스럽게 나타나는 것이 아니라 노동시간에 따라 증가한다. 41~48시간을 노동하는 사람들에게선 10퍼센트 이상, 49~54시간 일하는 사람들에게선 27퍼센트 이상이 이런 증상을 보였다.

3. 수많은 판매제품이 놓여 있거나, 노동자들이 종이상자에 담을 옷, 디스크 혹은 책을 '선별하는' 넓은 장소

4. http://rue89.nouvelobs.com/2014/02/24/faire-35-heures-quatre-jours-cestpossible-cest-bien-250098

5. 이는 그루파마Groupama의 32시간보다 약간 적은 시간이다.

6. *Option finance*, 1993년 11월 15일

7. 위 잡지

8. CICE가 300억 유로에 달하기 전에 2013년 비용은 280억 유로로 달했다(출처: 사회보장 자금조달 법률안, 부록 5). 여기서는 분담금 인하에 관해서만 이야기할 뿐, 역시 CICE 일환으로 가결된 세금 인하에 대해서는 언급하지 않고 있다.

9. 시스템은 적용 가능한 동시에 단순한 것이어야 한다. 모든 뜻밖의 효과를 배제한다면, '가스 공장'을 만들어봐야 아무 소용없다.

10. 이런 여러 관점에 관해선 Jean Gadrey, 〈Comment créer des millions d'emplois durables〉; Dominique Méda, *La mystique de la croissance. Comment s'en libérer*, Paris, Champs-Flammarion, 2014, chapitres 17과 Dominique Méda, 〈L'emploi et le travail dans une société post-croissance〉, *in* Éric De Keulener *et al.*, *La croissance: réalités et perspectives*, 21e Congrès des économistes, Charleroi, Éditions' Université ouverte, 2015, p. 599-620 참조

11. 2020년부터 FRR의 투자 이익금은 퇴직연금에 자금을 일부 조달해야 한다.

12. 농업 유지를 위한 농민협회AMAP는 농민들이 생산품을 직접 판매하고 고객과 정기적으로 만나

우의를 다질 수 있도록 하는 단체다.

13. INSEE의 수치. 2016년 2월 15일 팍타 미디어Facta Media가 게재한 기사에서 도출한 도표

14. 2012년 니콜라 사르코지의 요구에 따라 작성된 코티 보고서의 34페이지 그래프 참조

결론. 얼마나 많은 시간을 허비했는가!

1. 1993년 10월 20일 제라르 라셰가 TV 프랑스 2에서 한 말. 사이트 semainede4jours.net에서 녹화 영상을 볼 수 있다.

2. Michel Barnier, *Vers une mer inconnue*, Paris, Hachette, 1994.

3. Philippe Askenazy, *Tous rentiers! Pour une autre répartition des richesses*, Paris, Odile Jacob, 2016.

4. Michel Rocard, Pierre Larrouturou, *La gauche n'a plus droit à l'erreur*, Paris, Flammarion, 2013.

5. Alain Supiot, Mireille Delmas-Marty (dir.), Prendre la responsabilité au sérieux, Paris, PUF, 2015.

6. Edgar Morin, *Pour une politique de civilisation*, Paris, Arléa, 2002.

옮긴이_이두영

아주대학교 불어불문학과를 졸업하고 프랑스 블레즈 파스칼 대학·클레르몽페랑 제2대학교대학원에서 불문학으로 석사학위를 받았다. 현재 전문번역가로 활동 중이다.《21세기 자본》의 불어 감수를 맡았으며, 옮긴 책으로《애프터 피케티》《특이점의 신화》《산 아래 작은 마을》등이 있다.

주 4일 근무시대

초판 1쇄 발행일 2018년 3월 20일

지은이 | 피에르 라루튀르, 도미니크 메다
옮긴이 | 이두영
펴낸이 | 김현관
펴낸곳 | 율리시즈

책임편집 | 김미성
디자인 | 최치영
종이 | 세종페이퍼
인쇄 및 제본 | 올인피앤비

주소 | 서울특별시 양천구 목동중앙서로7길 16-12 102호
전화 | (02) 2655-0166/0167
팩스 | (02) 2655-0168
E-mail | ulyssesbook@naver.com
ISBN | 978-89-98229-56-6 03300

등록 | 2010년 8월 23일 제2010-000046호

ⓒ 2018 율리시즈 KOREA

이 도서의 국립중앙도서관 출판시도서목록(CIP)은 서지정보유통지원시스템
홈페이지(http://seoji.nl.go.kr)와
국가자료공동목록시스템(http://www.nl.go.kr/kolisnet)에서
이용하실 수 있습니다. (CIP제어번호: CIP2018007394)

책값은 뒤표지에 있습니다.